혼자서도 진행할 수 있는

진정서 · 탄원서 내용증명 · 고소장 사례실무

편저 : 이 창 범

대한민국 법률지식의 중심

법문 북스

머 리 말

여러 사람들이 모여 살다 보니 각종 사건도 많고 때로는 억울한 일도 겪게 되는 것이 우리가 사는 사회의 모습일 것입니다. 살다보면 겪을 수도 있는 크고 작은 분쟁이 서로 원만하게 해결되면 좋겠으나 그렇지 않은 경우가 많고, 이럴 때에는 그 해결을 법의 판단에 맡기게 됩니다.

그런데 분쟁이 일어나서 막상 관련 사건에 대한 법에 대하여 알아보거나 법률 전문가의 의견을 들어보게 되면, 예상했던 것과는 다른 법 규정과 그 해석 등에 당황하게 되는 경우가 간혹 있습니다. 미리 법에 대하여 어느 정도 알고 있었다면 상황을 좀 더 유리하게 이끌 수 있었을 것을, 안타깝게도 그렇지 못하여 손해를 볼 수 밖에 없었다면 참으로 억울한 일이라 하지 않을 수 없겠습니다.

본서는 그러한 억울함을 겪지 않도록 미리 대비하는데 도움을 주기 위하여 기획되었습니다. 법적 분쟁이 자주 발생하는 경우의 사례를 고소, 고발, 진정, 탄원, 내용증명 등의 법률 서류작성 형식에 맞추어 수록해 놓아 독자들이 쉽게 내용을 파악하여 각자의 상황에 적용할 수 있게 구성하였습니다.

독자들이 이 책을 통하여 법적 분쟁이 발생했을 경우에 억울한 손해를 입지 않고 상황을 유리하게 이끌게 되는데 조금이나마 도움이 되기를 바랍니다.

2025.

편저자 드림

차 례

제1장 진정서

제2장 탄원서

제3장 내용증명

제4장 고소 고발의 이해

제1장

진정서

제1절 개요

제1절 개요

진정서란 개인 또는 단체가 국가나 공공기관에 대하여 일정한 사항을 진술하여 유리한 조치를 해 줄 것을 바라는 의사표시의 서면을 말합니다. 진정대상은 국가기관 공공기관 경찰서 법원 등이 됩니다.

다음과 같은 경우에 진정서를 제출할 수 있습니다(내사 사건으로 수리, 분류됨).

가) 수사의 단서로서 조사가 필요한 경우

나) 상급 검찰청에서 조사 또는 보고를 요하는 경우

다) 검사 또는 사법경찰관이 수사 중인 사건에 관한 사항

라) 편파적인 조사 등에 대한 시정으로 희망하는 사항

마) 법원에 재판이 계속 중인 사건에 관한 사항

바) 전과 사실의 정정을 희망하는 사항

진정서는 일정한 양식이 요구되지 않으며 진실된 내용을 순차적으로 기재하면 됩니다.

진정서를 작성할 때에는 진실만을 기재하며, 증거를 준비하고 6하원칙에 의해 정확히 기재하며, 진정인의 요구사항을 분명하게 기재하여야 합니다.

진정서를 접수한 공공기관은 내사 사건으로 수리분류

하고 해당 사안에 참작하여 처리하게 됩니다.

제2절
진정서 작성사례

진 정 서

진정인 성   명 :
　　　주민번호 :
　　　주   소 :
　　　전화번호 :

피진정인 성   명 :
　　　주민번호 :
　　　주   소 :
　　　전화번호 :

■ 진정내용

지난 ○월 태풍○○호 때 진정인의 주택이 침수되어 막대한 소실을 입었음에도 불구하고 인근 주민들은 직·간접적으로 보상을 받았다는데 현재까지 진정인에게는 한 푼의 보상도 지급되지 않아 이에 진정서를 제출합니다.

1. 먼저 진정인의 침수피해현황부터 밝혀드리겠습니다.

번호	피해내용	피해금액	비고
1	○○○	○○○원	
2	○○○	○○○원	
3	○○○	○○○원	
4	○○○	○○○원	
5	○○○	○○○원	

2. 위와 같은 피해를 당한 진정인은 복구 및 보상이 언제 나올 것인지 손꼽아 기다리면서 당시 면사무소 직원에게 언제 복구공사를 해줄 것이냐고 시도 때도 없이 물었을 때 그 공무원은 곧 복구공사가 될 것이라는 말만 되풀이 해 오다, 세월이 흐른 지금에 와서는 그 직원은 없고 현재의 직원 ○○○의말에 의하면 당시 침수피해자 명단에서 진정인은 빠져 있어서 그렇다는 답변을 하고 있습니다.

3. 그리고 진정인은 위 현황과 같이 실제 피해를 당한 그대로 파악 보고 되지 않고 침수피해자에서 제외된 그 사유가 무엇이며 누구의 농간으로 진정인의 가슴에 이렇듯 한이 되도록 못을 박고 있는지 그것이 알고 싶은 것입니다.

4. 그토록 뜻하지 않은 천재지변으로 살아갈 길이 막막하여 시름에 차 있던 당시를 생각하면 지금도 가슴이 찢어질 듯한데 진정인의 피해를 이용하여 이득을 본 사람이 있었다면 서민의 피를 빨아먹는 파

렴치범으로 간주하여 철저한 수사로서 진정인의 한
을 풀어주시기 부탁드리겠습니다.

5. 끝으로 본 진정서에 따라 수사 중 범죄인으로 밝
혀질 대상자는 마을주민이나 관계공무원으로 예상되
니, 부디 정실에 치우치지 않도록, 즉 편파수사가 되
지 않도록 철저히 수사해 주실 것을 간곡히 호소합
니다.

6. 상세한 내용은 귀 ○○청에 출석하여 진술하겠습
니다.

20 년   월   일

위 진정인 :　　　　(인)

○○검찰청 ○○귀하

진　정　서

진 정 인 성　　명 :
　　　　주민번호 :
　　　　주　　소 :
　　　　전화번호 :

피진정인 성　　명 :
　　　　주민번호 :
　　　　주　　소 :
　　　　전화번호 :

■ 진정내용

피진정인 등은 위 진정인 등 ○명을 상대로 2○○
○.○.○. ○○경찰서에 폭력행위 등으로 고소장을
제출한 바 있으나 이는 피진정인 등과 진정외 ○○
○ 사이에 진정인이 임차한 상가를 놓고 공동소유자
인 그들끼리 다투면서 발생한 폭력사건 임에도 진정
인 등을 싸잡아 고소를 하였으니 이를 철저히 수사
하여 진정인의 억울함을 풀어주시고 피진정인 등에
대하여 무고의 범위가 인정된다면 엄벌하여 주시기
바랍니다.

1. 피진정인 등은 임대기간만료일인 2○○○.○.○
○.이 도래하기 전인 2○○○.○.○○.
○○:○○ 경 느닷없이 나타나 일방적으로 ○월말까
지는 나가달라고 통보를 하는 것이었습니다. 그래서
진정인은 그렇게는 못한다고 하니 이때부터 시시때
때로 찾아와, 위 기간까지 나가지 않으면 계약만료
까지의 월세를 돌려받지 못할 것이라는 등의 억지를
부렸습니다. 그래서 권리금을 주고 인수인계를 하라
고 이야기를 하니, ○○○만원 이상은 줄 수 없다여
2○○○.○.○○.부터 같은 해 ○.○○.까지 몸만 나
가라고 괴롭히면서 영업중에도 찾아와 소리를 질러
대, 정신적으로 엄청난 고통을 주어 견디다 못해 결
국 신경성 두통과 스트레스를 치유하기 위해 현재까
지 ○○시에 있는 ○○병원에서 통원치료를 받고 있
는 중입니다.

2. 진정인은 위와 같은 시달림에 지쳐 모든 것을 포
기하고 2○○○.○.○○. 이사를 하기로 마음을 굳히
게 되었습니다.

3. 피전정인은 2○○○.○.○. ○○:○○경 진정인이
이삿짐을 정리하는 중 월세정리를 위하여 이의를 제
기하는 진정인의 말투가 거칠어 협박에 해당되는 것
이니 신고한다라며 112에 신고를 하고 이를 만류하
는 진정외 ○○○와 멱살잡이를 한 것입니다. 그러
나 피진정인은 진정인 등이 공유자 ○○○와 합심하
여 마치 피전정인 등을 집단폭행 한 것처럼 고소를
한 것입니다.

4. 사필귀정이라 자기네들끼리 다투어놓고 임차인인 진정인과 상가 인수·인계 과정에서 자기 뜻대로 되지 않는다는 이유로 현장을 지켜보고 서 있던 모두를 포함하여 집단폭행범이라고 고소를 해도 되는지요.

5. 부디 진실을 밝혀 진정인의 억울함을 풀어주시고 함부로 선량한 시민을 고소하여 경찰에서 죄인취급을 당하도록 한 피진정인의 범의가 인정된다면 엄벌에 처해 주길 거듭 부탁드리겠습니다

6. 상세한 내용은 귀 검찰청에 출석하여 진술하겠습니다.

20 년 월 일

위 진정인 :　　　　(인)

○○검찰청 ○○귀하

교통사망사고 상대운전자 구속청구

진 정 서

진정인 성   명 :
　　　　주민번호 :
　　　　주　　소 :
　　　　전화번호 :

피진정인 성   명 :
　　　　주민번호 :
　　　　주　　소 :
　　　　전화번호 :

■ 진정내용

피진정인은 승용차(○○○, 11자1111)를 운전하여 진정인의 아들이 운전하는 자전거를 충격하여 사망하게 하였음에도 한 번도 찾아와 사과를 하지 않을 뿐 만 아니라 거기다가 ○○경찰서 교통계 담당 경찰관은 피진정인이 구속되지 않는다고 하니 너무도 억울하고 분통이 터져 진정하니 담당경찰관을 교체하고 피진정인을 반드시 구속하여 주시기 바랍니다.

1. 2○○○.○.○○. 10:00 경 진정인의 아들이 학원에 가기 위해서 4차선 도로를 자전거를 타고 횡단하

게 되었는데 도로를 건너 거의 끝난 지점에 이를 때쯤, 갑자기 신호위반을 한 피전정인이 진정인의 아들이 타고 가던 자전거를 충격하여 응급실에서 치료 중 7일 만에 사망하였습니다.

2. 갑자기 닥쳐온 불행으로 인하여 진정인과 유족들은 슬픔에서 헤어나지를 못하고 있었는데 어느 정도 정신을 차려 이러한 슬픔을 가져다 준 사람이 어떻게 처리되고 있는지 경찰서를 찾아가 알아보았습니다. 그런데 담당경찰관은 위로의 말은 커녕 오히려 피진정인을 두둔하는 식으로 가해자는 구속이 안 된다고 퉁명스럽게 내뱉었습니다.

3. 전정인은 경찰의 오만방자한 발언에 오히려 사고를 낸 피진정인보다 경찰이 더 원망스러웠던게 사실입니다. 그래서 어쩌면 이 전정서를 제출하는 이유도 그러한 부분에 있는지도 모릅니다.

4. 진정인이 생각할 때 아무래도 이번 사건은 피진정인과 담당경찰관 사이에 내통이 있었지 않았나 심히 의심이 되고 있습니다. 그렇지 않다면 사고를 낸 사람이 구속이 안 된다고 그렇게 잘라 말할 수 있는지요? 그 담당경찰관의 아들이 죽었다면 그렇게 말을 했겠습니까? 그 순간을 생각하면 아직도 치가 떨립니다.

5. 저희와 같은 선량한 국민들은 절대 경찰을 신뢰하고 정말 억울하면 언제든지 찾아갈 수 있는 곳인 줄 알았습니다. 진정인은 그래도 나 자신도 운전하는 사람이라 언제 어느 때 이와 같은 불행이 닥칠지

몰라 다시 세상을 사는 기분으로 경찰의 문을 두드
렸는데 세상에 담당경찰관이 인간관계의 기본도 모
르고 불쑥 내뱉는 그러한 행동에 정말 경악을 금치
못하겠습니다. 조사를 명명백백히 하셔서 억울하게
운명을 달리한 망인의 넋과 진정인의 한을 달래는
뜻으로 피진정인을 반드시 구속해 주시면 바랄 것이
없겠습니다.

6. 진정인은 사랑했던 아들을 잃은 이후 회사일을
접어두고 매일 술로 슬픔을 달래면서 그렇게 연명을
해오고 있습니다. 단 한번이라도 피진정인이 찾아와
용서를 빌었다면 결코 진정인은 지금과 같이 가슴에
멍이 되도록 악감정을 품지는 않았을 것입니다.

7. 부디 현명하신 진정인의 한을 풀어 주실 것으로
믿고 그날까지 손꼽아 기다리겠습니다.

20 년　월　일

위 진정인 :　　　　　(인)

○○경찰서 귀중

진 정 서

진 정 인 성　　명 :
　　　　　주민번호 :
　　　　　주　　소 :
　　　　　전화번호 :

피진정인 성　　명 :
　　　　　주민번호 :
　　　　　주　　소 :
　　　　　전화번호 :

■ 진정내용

피진정인은 위 전정인을 상대로 명예훼손죄로 귀 경
찰서에 고소를 제기한 바 있으나 이는 피진정인이
진정인의 부동산을 매입하면서 미지불한 잔대금 1억
원을 요구하는 진정인과 상호 언쟁이 있을 때 피진
정인은 진정인에게 10만원자리 땅을 50만원에 팔아
먹은 도둑놈! 사기꾼! 이라고 모욕죄를 저질러놓고
마치 진정인이 피진정인의 명예를 훼손한 양 자기편
증인을 미리 만들어놓고 무고하였으니 현재 귀 경찰
서에서 수사 중인 명예훼손건과 병행수사하여 진정
인의 억울함을 풀어주기 바라며 진정인도 이제 더

이상 억울함을 참을 수가 없어 별도로 피진정인을 상대로 무고 및 모욕죄 등으로 고소장을 제출할 예정으로 있습니다.

1. 서로 다툼의 언쟁이 있을 때 상대방인 피진정인은 과연 묵묵부답으로 가만히 있었을까요? 정말로 진정인들은 선량한 국민입니다. 경찰 소리만 들어도 되레 겁을 먹는 그야말로 선량한 진정인입니다. 위 부동산을 구매해 놓고 잔대금 지불을 회피하는 피진정인과 비교를 해 보시더라도 짐작하실 수 있는 일이 아닙니까? 피진정인은 온작 욕설과 고성으로 '도둑놈! 사기꾼!'이라고 얼마나 소리쳤으며 오히려 진정인들보다 몇 배 더 입에 담지 못할 욕설을 퍼부었습니다.

2. 그렇게 해놓고 그 당시 현장에 피진정인측 사람들만 있었기 때문에 일방적으로 진정인이 죄인으로 몰린 것고 억울한데 하물며 담당 수사관마저 마치 죄인인양 윽박지르며 조사를 하니 무지한 진정인은 어떻게 이 진실을 밝혀야 할 지 죽고 싶은 심정입니다.

3. 할 말은 태산같이 많으나 끝으로 진정인들은 결코 명예훼손이란 죄를 짓지 않았습니다. 하늘을 두고 맹세합니다. 그리고 증인들은 피진정인이 선정한 사람들로서 피진정인을 유리하게 진술해준 사람들입니다. 사필귀정이라 진실은 언젠가는 밝혀지겠지만 진정인들은 본 건으로 인해 현재 정신적으로 상당한 피해를 입고 있을 뿐 아니라 병원에 통원치료를 받고 있는 중입니다.

4. 상세한 내용은 검찰청에 출석하여 보충진술토록
하겠습니다.

20 년   월   일

위 진정인 :   (인)

○○검찰청 귀중

재건축조합장의 비리

진 정 서

진정인 성　　명 :
　　　　주민번호 :
　　　　주　　소 :
　　　　전화번호 :

피진정인 성　　명 :
　　　　주민번호 :
　　　　주　　소 :
　　　　전화번호 :

■ 진정내용

피진정인은 ○○시 ○○동에 있는 ○○단지 아파트 500세대의 재건축사업과 관련하여 재건축조합장으로서 시행사인 주택공사와 시공사 선정 및 마감재 납품계약 등과 관련하여 여러 곳에서 비리가 감지되고 있음으로 다음과 같이 진정하오니 철저히 수사하여 범죄가 인정되면 엄히 벌하여 주시기 바랍니다.

1. 피진정인은 조합장으로서 전체 조합원들의 이익을 위하여 성실한 직무수행을 하여야 할 의무가 있음에도 불구하고, 자신을 비롯한 이사 및 몇몇 대의

원과 함께 시행사인 ○○건설측의 이익을 위한다고
판단되는 각종 의혹이 있고, 조합의 무능과 비리로
지금까지 3년 동안 공사착공을 하지 못하고 있습니
다. 이에 대하여 피진정인은 몇몇 특정 조합원들의
방해때문이라는 핑계를 대며 조합원들을 기망하고
우롱하면서 전체조합원 500여명의 재산을 ○○건설
과 몇몇 조합원들과 결탁하여 자신들의 이익에 급급
한 나머지 공사비를 올리는데 시행사의 편에서 이를
두둔하고 협력하면서 전 조합원들의 재산상 엄청난
피해를 주고 있습니다.

2. 조합의 집행부와 ○○건설과의 결탁으로 보이는
각종 공정에서 조합의 업자지정선택권을 이용하여
조합의 이사 대의원들을 매수 및 동원하여 관련업자
들로부터 거액의 금원을 착복한 것으로 추정되는데,
이는 ○○건설이 빌미를 제공하고 일부 임원들을 행
동요원으로 앞세워 이익을 배분하고 있음을 알 만큼
아는 사람들은 사실로 받아들이고 있는 실정입니다.

3. 뿐만 아니라 비리의 정황이 곳곳에서 나타나고
있습니다. 피신청인은 일정한 직업이나 수입원이 없
으면서 재산이 약 10억원 이상 증식된 것은 모두 조
합업무와 관련하여 업체들로부터 금품수수로 치부한
것이라고 보는 많은 조합원들은 분노하고 있습니다.
이 같은 재산축적은 공무원과 토지주택공사와의 결
탁 없이는 불가능한 것입니다.

4. 그런가하면 피진정인과 호흡을 같이 하는 ○○○
(총무이사)는 위 시기 후 ○○관련 업종을 개업하였

고, ○○○(감사)은 피진정인과 은밀한 관계로, 모든 부정의혹의 중간역할을 담당하고 있습니다.

5. 피진정인은 이러한 부정행위를 위해 조합원관리처분총회를 변칙으로 개회하였습니다. 또한 총회에서의 성원보고 및 개표결과와 총회 이후 조합원들에게 통보된 내용도 서로 상이할 뿐 아니라, 도대체 어디서부터가 사실인지, 아니면 무엇이 거짓인지도 모르게끔 조합원들을 ○○건설의 비호 아래 티끌만큼의 양심도 없이 절차를 무시하고 위법, 부당한 상식 밖의 행위에 대하여 엄벌을 내려주셔서 우리 500여명의 재산을 보호하여 주십시오. 일개 조합임원 몇몇과 ○○건설의 횡포로 인한 각종 의혹이 풀릴 수 있도록 철저한 수사를 하여 정의로운 사회를 만들어주시길 간곡히 부탁드립니다.

20 년　월　일

위 진정인 : 오○○　　　　(인)

김○○　　　　(인)

○○검찰청 검사장님 귀중

진 정 서

진 정 인 성　　　명 :
　　　　　주민번호 :
　　　　　주　　　소 :
　　　　　전화번호 :

피진정인 성　　　명 :
　　　　　주민번호 :
　　　　　주　　　소 :
　　　　　전화번호 :

■ 진정내용

피진정인 등을 사기죄로 진정하오니 엄벌에 처해주시기 바랍니다.

1. 진정인은 주소지에서 '○○'이란 유흥주점업에 종사하고, 피진정인 ○○○은 부동산대출을 주업무로 하는 자이고 피진정인 ○○○은 ○○은행 ○○지점 여신담당 차장직에, 피진정인 ○○○은 부동산 중개업에 각 종사하며 진정인과 평소 친분있는 피진정인의 소개로 피진정인을 알게 되었을 뿐 모두 진정인과는 친·인척 관계가 없습니다.

2. 피진정인 등은 공모하여 진정인의 소유인 ○○시 ○○동 ○○-○번지에 있는 ○○상가를 담보로 5억 원의 대출을 받아 줄 의사나 능력이 없음에도 불구하고 진정인으로부터 금원을 편취하여 마음먹고, 2○○○. ○○월 초순 ○○:○○ 경 ○○시 ○○동에 있는 진정인의 사무실에서 진정인의 건물을 담보로 5억원을 틀림없이 대출해 주겠다. 그리고 대출 등급을 올려 줄 테니 5천만원을 통장에 입금시킨 통장과 도장을 맡겨달라고 하여 진정인은 그 말을 진실로 믿고 진정인 명의의 5천만원이 입금된 ○○은행 ○○동 지점에서 개설한 통장과 도장을 맡겼습니다.

3. 그리고 피진정인이 진정인에게 하는 말이, 대출 받는데 비용이 약 2천만원 정도 들 것이니 피진정인은 그 비용을 농협 계좌번호 ○○○○-○○-○○으로 입금하라고 하여 진정인은 그 말을 진실로 믿고 2○○○.○○.○○. 2천만원을 그 계좌에 입금하였습니다.

4. 그렇게 입금한 이후 대출을 학수고대하고 기다렸으나 대출도 해주지 아니하고 입금한 위 2천만원도 돌려주지 않고 있습니다.

5. 자세한 내용은 귀 경찰서에 출석하여 진술하겠습니다.

20 년 월 일

위 진정인 : 박○○   (인)

○○ 경찰서 귀중

진 정 서

진정인 성　　명 :
　　　　주민번호 :
　　　　주　　소 :
　　　　전화번호 :

피진정인 성　　명 :
　　　　주민번호 :
　　　　주　　소 :
　　　　전화번호 :

■ 진정내용

피진정인에 대하여 절도, 횡령 등 혐의로 진정하오니 철저히 수사하여 범죄인정되면 처벌하여 주시기 바랍니다.

1. 진정인은 ○○시 ○○동에 있는 ○○시장 앞에서 2○○○.○월 경부터 식당을 하고 있고, 피진정인은 2○○○.○월 경부터 2○○○.○월 초 경까지 진정인에게 고용되어 일당 6만원씩을 받고 고소인의 채소장사 일을 도와주던 사람입니다.

2. 피진정인의 업무는 식사를 하는 고객에게 식사를 내주고 그 대금을 받으면 옆에 놓여있는 돈통에 담고 거스름돈을 내주고 하는 일을 하여왔는데, 진정인도 같은 일을 하면서 때로는 물건 때문에 자리를 뜨는 일이 종종 있어왔습니다.

3. 진정인은 식당은 하루 매상이 적게는 40만원, 많게는 70만원 정도이고 하루 평균 매상이 58만원 정도 되고 재료비와 제경비를 제외해도 순이익만 하루 25만원 이상이 되는데 어찌된 영문인지 피진정인을 고용한 이후부터는 순이익이 더 되지는 못해도 평소와 같아야 하는데 오히려 수익이 줄고 있어 그래도 피진정인을 의심하거나 한 적은 없었습니다.

4. 그런데 주변에서 같이 장사를 하는 사람들이나 진정인을 잘 아는 단골고객들이 진정인에게 피진정인이 주변의 눈치를 살피고 절취 또는 횡령한다는 사실을 말해주어, 진정인은 그래도 믿어지지 아니하여 설마하고 지냈으나 계속하여 피진정인의 이같은 행위를 귀뜸해 주므로 진정인은 혹시나 하는 생각에 CCTV를 설치하여 피진정인의 동태를 살폈더니, 단골고객들의 말이 사실이었습니다.

5. 진정인은 그래도 좋게 마음 상하지 않고 해결해 보려고 피진정인을 따로 불러 타이르자 펄펄 뛰면서 생사람 잡는다고 진정인에게 달려들고 가게를 아수라장으로 만들기도 하였습니다.

6. 계산을 해보니 피진정인을 고용한 후 월 200만원
이상의 수익이 줄었고, 거래처 부채도 늘어났습니다.

7. 피진정인의 행위에 대해 참고인(목격자)은 상당수
에 이르고 경찰에 출두하여 진술해주겠다고 하니 철
저히 수사하여 진정인의 피해회복이 되도록 하여 주
시기 바랍니다.

20 년   월   일

위 진정인 : 박○○   (인)

○○ 경찰서 귀중

진 정 서

진 정 인 성   명 :
　　　　주민번호 :
　　　　주　　소 :
　　　　전화번호 :

피진정인 성   명 :
　　　　주민번호 :
　　　　주　　소 :
　　　　전화번호 :

■ 진정내용

1. 진정인은 항고인 ○○○과 같이 피진정인을 강집행면탈죄로 고소하였으나 항고인의 고소사건에서 피진정인이 무혐의처분을 받음으로서 진정인의 고소사건도 역시 무혐의 처분결정을 하였습니다.

2. 진정인은 피진정인에 대하여 1억5천만원의 대여금 채권이 있고, 피진정인을 상대로 ○○지방법원에 제소하여(2○○○가단○○○○호)화해권고결정정본을 수령하고, 집행문을 부여받아 피진정인의 유체동산에 강제집행을 하였으나, 진정 외 ○○○는 피진

정인의 유체동산에 2○○○.○.○. 피전정인으로부터
일금3천만원에 대한 채무변제를 하지 못하여 양도받
은 동산이라고 주장하면서, 위 유체동산은 ○○○의
소유이나 단지 피진정인이 점유만 하고 있을 뿐으로
법원에 진정인이 한 강제집행을 정지해달라는 신청
과 함께 제3자 이의의 소를 제기하여 소송 중에 있
습니다.

3. 진정인은 하도 그 소행이 괘씸하여 집행력 있는
화해권고결정정본에 의해 피진정인의 유체동산에 강
제집행을 실시하자 ○○○는 제3자 이의의 소를 제
기하였는데, 별첨 소장 부본에서 보면 청구원인 제2
항에 2○○○.○.○○. 당시 피진정인으로부터 5천만
원의 채권이 있었는데 그 돈을 변제받지 못하여 피
진정인의 동산을 양도받았다고 주장하고 있습니다.
그러나 이는 명백하게 채권자들의 돈을 갚지 않으려
고 서로 짜고 불법을 저지른 행위입니다.

4. 이미 항고인이 항고이유서에서 밝혔듯이 악덕채
무자인 피진정인을 구속 수사하여야 마땅할 것인데,
혐의가 없다는 검찰의 결정은 부당함으로 엄벌에 처
해주시기 바랍니다.

첨 부 서 류

1. 소장부본   1통

20 년 월 일

위 진정인 : 황○○　　　　　(인)

○○ 고등검찰청 귀중

형사처벌강화 요구

진 정 서

진 정 인 성　　명 :
　　　　　주민번호 :
　　　　　주　　소 :
　　　　　전화번호 :

피진정인 성　　명 :
　　　　　주민번호 :
　　　　　주　　소 :
　　　　　전화번호 :

■ 진정내용

피진정인은 진정인에게 폭력을 행사하여 검찰에서 약식 기소된 자로서, 그 형이 너무 가벼우므로 징역형을 선고하여 엄벌에 처해 주시기 바랍니다. 진정인은 회사원이고, 피진정인들은 친구 사이로 직업 및 주소를 알 수 없는 자들로 고소인과는 전혀 모르는 사이입니다.

1. 진정인은 2000.00.00 00:00경 진정인과 친구인 ○○○ 등 3명과 ○○시 ○○동에 있는 ○○노래연습장에서 함께 노래를 부르고 있던 중

피진정인 ○○○가 진정인의 엉덩이를 밀었으나 진
정인의 일행들이 알게 되면 큰 싸움으로 번질까봐
조그만 목소리로 이런 행동은 삼가라고 타이르고 조
용히 자리로 돌아와 앉았습니다.

2. 그런데 피진정인들의 일행 중 피진정인 ○○○가
진정인의 좌석을 가리키며 듣기 거북한 욕설을 퍼붓
자 보다 못한 진정인이 '뭐하는 짓이냐'고 소리를 쳤
더니 피진정인은 진정인 일행 좌석을 향해 맥주병을
던졌습니다.

3. 이때 진정인이 피진정인에게 '왜 이러냐'며 만류
하자 피진정인은 진정인에게 다가와 욕설을 하면서
가슴을 발로 세차게 쳤고, 본인은 뒤로 넘어지면서
바닥에 쓰러졌습니다. 이로 인하여 진정인은 2주의
상해진단서를 경찰에 넘겼습니다.

4. 경찰에서는 피해자인 진정인의 진술을 제대로 접
수하지 않고 애써 별 것 아닌 것 처럼 하여 서둘러
사건을 종결하여고 하면서 자조지종을 수사를 하지
않았습니다.

5. 피진정인들의 행위는 당초부터 진정인에게 욕설
을 하고 아무런 뉘우침도 없이 맥주병을 2번이나 던
지고 좌석을 공갈분위기로 몰고 갔는가하면, 아무런
이유 없이 폭행을 하는 등 그 죄질이 지극히 나쁘고
뉘우침이 없습니다. 또한 경찰서에서 조사를 받은
후 진정인을 만나자고 하여 혹시 사죄나 하고 치료
비 정도라도 내놓고 합의를 청할 줄 알았더니 아무

런 뉘우침도 없고 농담을 하면서 '취중에 있었던 일
을 너무 확대하는 것 아니냐'면서 진정인보고 자신
들은 돈이 없으니 좌석의 술값까지 부담하라고 하는
몰염치한 사람들이었습니다.

6. 따라서 이 사건의 전후 사정을 보면 피진정인들
의 행위가 그리 가벼운 것은 아닌듯함에도 약식기소
처분을 한 것은 이해할 수 없으므로 벌금보다 무거
운 징역형을 선고하여 주시길 바랍니다.

20 년   월   일

위 진정인 : 황○○   (인)

○○ 지방법원 판사님 귀하

진　정　서

진 정 인 성　　명 :
　　　　주민번호 :
　　　　주　　소 :
　　　　전화번호 :

피진정인 성　　명 :
　　　　주민번호 :
　　　　주　　소 :
　　　　전화번호 :

■ 진정내용

1. 피진정인은 2000.0.00 진정인이 운영하는 ○○시 ○○구 ○○동 ○○번지에 있는 '○○치킨'본점에서 위 ○○치킨 ○○지사를 2000.00.00부터 2000.00.00까지 2년간 운영하기로 계약을 체결하였던 사람입니다.

2. 그런데 2000.0.00 개인사정을 내세워 진정인에게 폐업통보를 하게 되자 진정인이 계약을 해지하는 조건으로 첫째, '○치킨'과 합류하지 않기, 둘째, ○○동점 간판 및 이미지 사진 정리, 셋째, 고급

소스 및 파우더 제조 하지 않고 기술유출 및 판매금지를 준수해달라고 하자 이를 반드시 이행하겠다는 약조를 하였음에도 이를 위배하여 2000.○.○. 피진정인의 주소에서 진정인의 상호인 '○○치킨' 중 '○○'대신'○'자만 바꾼 '○치킨'이란 상호로 개점하여 이때부터 현재까지 약 10개월간 진정인의 거래처인 5개의 지점에 소속된 35개의 체인점을 피진정인이 거래처로 뺏어감으로서 그로 인하여 1개소 체인점당 월수입 800,000원x35개소 = 2천8백만원에서 그동안 10개월을 환산하면 2억8천만원, 그리고 피진정인이 분실한 35상자 200개x20,000원 =4백만원, 피진정인이 가공공급한 소스 200개x10,000원 = 2백만원, 진정인의 본사미수금 1천만원, 도합 2억9천 6백만원의 손해를 가하고 진정인의 영업권을 침해하는 등 업무를 방해한 것입니다.

3. 이상과 같이 신의를 저버리고 오히려 ○○신용정보를 통해 계약금 5백만원을 당장 내어놓으려고 협박하는 피진정인을 엄중조사하여 죄상이 밝혀지면 엄벌에 처해 주시기 바랍니다.

4. 보충내용은 추후 귀 경찰서에 출석하여 상술하겠습니다.

20 년   월   일

위 진정인 : 이○○   (인)

○○ 경찰서 귀중

진 정 서

진 정 인 성   명 :
　　　　주민번호 :
　　　　주   소 :
　　　　전화번호 :

피진정인 성   명 :
　　　　주민번호 :
　　　　주   소 :
　　　　전화번호 :

■ 진정내용

1. 피진정인은 2000 경부터 현재까지 ○○시 ○○동 ○○○-○번지 ○○빌딩 ○○○호에서 ○○건설 (주) 대표이사직에 있는 사람이고, 진정인은 위 회사 이사직에 있다가 현재는 주주이며 피진정인과는 친인척관계가 전혀 없습니다.

2. 2000.○월 경 ○○시 ○○동 ○○○-○번지 외 39필지 소재 빌라를 건립하기 위하여 10여명의 지주들로부터 부지를 매입하면서 실제 계약한 사실은 숨기고 실제매입금액 약21억원을 마치 43억원으

로 매입한 것처럼 2중 계약을 체결, 그 차액 약22억
원을 착복하였습니다.

3. 그 외에도 피진정인은 위 회사 대표이사로 있으
면서 매 공사마다 전항과 같은 수단방법으로 수회에
걸쳐 도합 수십억원의 차액을 착복한 혐의입니다.

4. 따라서 피진정인은 회사 대표이사직에 있는 사람
으로서 임원변경 및 공사계약체결 등 중요사항 결의
시에는 이사회 등을 개최하여 투명하게 회사를 운영
할 책무가 있음에도 불구하고 피진정인은 위와 같이
회사임원 등을 속이고 이를 착복 내지는 임무위배하
였기에 본 진정에 이른 것입니다.

5. 상세한 내용은 추후 귀 경찰서에 출석하여 보충
진술하겠습니다.

20 년 월 일

위 진정인 : ○○○　　　　　(인)

○○ 경찰서 귀중

진 정 서

진 정 인 성　　명 :
　　　　　주민번호 :
　　　　　주　　소 :
　　　　　전화번호 :

피진정인 성　　명 :
　　　　　주민번호 :
　　　　　주　　소 :
　　　　　전화번호 :

■ 진정내용

1. 피진정인은 ○○시 ○○동　○○번지에 있는 ‘○○카고(대표자 ○○○)’현장소장으로서, 진정인은 이사관계로 2○○○.○.부터 3개월간 가전제품 및 가구일체(식탁 1개, 의자 4개, 피아노 1대, 자개장 1개, 가스오븐렌지 1개, 장식장 1개, 침대 2개, 화장대 1개, 원탁 1개, 의자 4개, 냉장고 1대, 42인치 TV 1대, 그릇 100개, 후라이팬 5개, 액자 20개, 에어컨 1대, 압력밥솥 1개, 수저 30벌, 흰색 장식장 1개, 스팀청소기 1개, 공기청정기 1개) 등 모두 21종류 중고 시가 약 4천만원 상당을 보관하기로 하였습

니다.

2. 따라서 피진정인은 약속기일까지 보관자로서의 임무를 성실히 이행해야 할 의무가 있음에도 불구하고 그 임무에 위배하여 2000.0.0. ○○:○○경 진정인의 승낙없이 임의로 위 물건을 ○○○에게 넘겨주어 ○○○에게는 위 금액 상당의 재산상 이득을 취하게 하고 진정인에게는 동액 상당의 재산상 손해를 가하였기에 본 진정에 이른 것입니다.

3. 자세한 내용은 추후 귀 경찰서에 출석하여 진술하겠습니다.

20 년 월 일

위 진정인 : ○○○   (인)

○○ 경찰서 귀중

진　정　서

진 정 인 성　　명 :
　　　　　주민번호 :
　　　　　주　　소 :
　　　　　전화번호 :

피진정인 성　　명 :
　　　　　주민번호 :
　　　　　주　　소 :
　　　　　전화번호 :

■ 진정내용

1. 진정인은 ○○시 ○○동　○○번지 지하소재 '○○노래방'의 건물주이고, 피진정인은 위 노래방을 2○○○.○.○.부터 2○○○.○.○○.까지 2년간 보증금 8천만원에 월세 250만원으로 임차한 세입자입니다.

2. 피진정인은 입주 후 월세를 8개월이 넘도록 지불을 이행하지 않아 진정인은 부득이 2○○○.○월 ○○지방법원에 2○○○가단 ○○○○ 건물명도소송을 제기하게 되었습니다.

3. 그 결과 2000.0.00. 위 법원 판사 ○○○의 주문과 같이 '피진정인은 진정인에게 영업허가에 대한 명의변경절차를 이행하고 ○○○○만원을 지급하라'라는 판결이 내려졌습니다.

4. 그럼에도 불구하고 피진정인은 진정인에게 위 노래방의 허가증을 돌려주기는커녕 위 노래방 인근에서 2000.00월 경부터 현재까지 약 10개월 동안 '○○노래방'을 타인명의로 영업을 하고 있어 재산상 막대한 손해를 입고 있습니다.

5. 그러함으로 조속한 시일 내 귀사에서 발급한 위 '○○노래방'의 허가증을 진정인에게 법원의 판결문대로 명의변경 또는 허가취소가 이행되도록 강제조치로서 선량한 시민이 피해를 입는 일이 없도록 법의 준엄성을 보여주시기 바랍니다.

20 년   월   일

위 진정인 : ○○○   (인)

○○ 시장 귀중

진 정 서

진 정 인 성　　명 :
　　　　　주민번호 :
　　　　　주　　소 :
　　　　　전화번호 :

피진정인 성　　명 :
　　　　　주민번호 :
　　　　　주　　소 :
　　　　　전화번호 :

■ 진정내용

1. 진정인은 약 10년째 ○○구 ○○동에서 ○○을 운영하고 있는 바, 비록 어려운 살림살이지만 그런 대로 행복하게 살아오고 있습니다.

2. 그러던 2○○○.○○.○○. 진정인의 처가 갑자기 소식이 두절되어 백방으로 수소문하였으나 경찰에서는 막연히 집나간 가출인으로만 단정을 짓고 더 이상 수사를 진행하지 않아 적극적인 수사를 촉구해주시기 바랍니다.

3. 진정인의 아들 말에 의하면 처가 2○○○.○○.
○. '○○야! 엄마 잘 있다. 걱정마라'라는 카카오톡
메시지가 날아와 '엄마, 전화 한 통만 해주세요'라고
답신을 보냈으나 그 이후부터는 아예 메시지마저도
두절이 되고 말았습니다.

4. 경찰에서는 위 메시지가 있었다는 진정인의 아들
말만 듣고 막연히 가출한 것으로만 판단하고 있으나
위 메시지 내용은 처를 납치한 괴한들이 감금내지는
폭행 협박하여 글을 올릴 수도 있는 법이니, 이리도
애타는 가장의 심정을 이렇듯 외면할 수가 있단 말
입니까?

5. 만약 존경하는 수사관님들의 가족이 이렇게 아무
런 이유도 없이 현재까지 3주일이 지나도록 아무런
소식이 없다면 어찌 가출인 수배만 해놓고 안일한
대처로 방관하시겠단 말씀입니까?

6. 소식을 애타게 기다리는 가장의 애끓는 심정 부
디 헤아리신다면 대한민국 수사방법을 총동원하여
하루도 밤잠을 이루지 못하고 있는 이 괴로움을 떨
쳐주시기 두 손 모아 빌겠습니다.

20 년 월 일

위 진정인 : ○○○　　　　　(인)

○○ 경찰서 귀중

진　정　서

진 정 인 성　　명 :
　　　　주민번호 :
　　　　주　　소 :
　　　　전화번호 :

피진정인 성　　명 :
　　　　주민번호 :
　　　　주　　소 :
　　　　전화번호 :

■ 진정내용

1. 진정인은 2○○○.○.○. 생활정보지에 있는 금전 대출 광고를 보게 되었습니다. 광고 내용은 '자동차를 사는 조건으로 금전을 대출해 준다'는 것이었습니다.

2. 그래서 진정인은 광고내용에 기재되어 있는 전화번호로 전화를 걸었더니 전화를 받은 사람이 '주민등록등본 및 인감증명서를 각 3-4통 발급받고 도장과 함께 우편으로 보내주면 진정인 명의로 차량을 구입하여 그 사람들이 사용을 하고 저에게는 500만

원 가량 대출을 해 주겠다. 만약 대출이 되지 않으
면 자동차를 주겠다'는 말을 하였습니다.

3. 그래서 진정인은 주민등록등본 및 인감증명서를
각 발급받은 다음 도장과 함께 ○○시 ○○구○○동
○○번지 ○○○ 앞으로 우송해 주었습니다.

4. 그 후로 돈을 대출해 준다는 사람으로부터 아무
런 연락이 오지 않아 전화를 해보았으나 통화가 되
지 않아서 대출이 성사되지 않은 것으로 알고 지방
에 내려가 건설일을 하게 되었습니다.

5. 그래서 자동차등록원부 등 관련서류를 발급받아
보았더니 위 승용차의 소유자가 2○○○.○○. 진정
인 명의로 변경이 되었으며 여러 건의 압류도 되어
있었습니다.

6. 또한 강제보험 계약사항 조회결과 ○○○이라는
사람이 1회에 걸쳐 보험에 가입했던 것으로 나타나
위 ○○○을 조사해보면 진정인의 명의가 도용된 과
정을 알 수 있을 것으로 판단되어 ○○○을 진정하
게 되었습니다.

7. 진정인이 주의를 제대로 하지 못한 잘못도 있지
만 어려운 상황에 처해있는 진정인을 상대로 사기행
각을 벌인 사람이 누구인지 밝혀서 엄벌에 처해 주
실 것을 바라면서 본 진정서를 제출하게 되었습니
다.

8. 자세한 내용은 추후 귀 경찰서에 출석하여 진술
하겠습니다.

20 년   월   일

위 진정인 : ○○○   (인)

○○ 경찰서 귀중

사기

진 정 서

진정인 성   명 :
　　　 주민번호 :
　　　 주   소 :
　　　 전화번호 :

피진정인 성   명 :
　　　　 주민번호 :
　　　　 주   소 :
　　　　 전화번호 :

■ 진정내용

1. 진정인은 2000.○.○. 결혼식을 올린 신부입니다. 결혼식을 앞두고 웨딩샵을 찾아 500만원에 야외촬영과 본촬영을 ○○○이라는 사람에게 맡겼습니다. 나중에 안 사실인데 ○○○은 그 샆의 주인도 아니고 인수 전이었습니다.

2. 예식이 끝나고 2주 정도면 앨범이 나온다는 말에 별 의심도 안하고 500여만원을 식이 끝나고 ○○○에게 주었습니다. 그 뒤 1달을 기다렸지만 전화도 없었습니다. 그래서 ○○○씨한테 전화를 하였지만

폰이 정지된 상태였습니다.

3. 전에 직원한테 전화를 하였지만 자기들도 임금을 못 받아 고발을 생각중이라는 말과 함께 ○○○-○○○-○○○○ 번호로 전화하면 혹시 ○○○이 전화를 받을지도 모른다고 해서 전화를 해 보았습니다. 전화를 하니 ○○○이 전화를 받았습니다.

4. 그래서 앨범을 언제 줄거냐고 하니까 다시 1주 더 있어야 한다는 것입니다. 그래서 또 기다렸습니다. 하지만 이번에도 연락이 없고 전화도 받지 않는 것입니다. 그러기를 또 한달이 지났습니다. 저의 평생에 한 번 있는 소중한 시간을 찾아주세요.

5. 고의로 유령 웨딩샾을 차려서 계약금을 사기치고 수시로 전화번호를 바꾸는 ○○○을 잡아 다시는 저와 같은 피해자가 생기지 않게 해주십시오.

6. 어제 저의 소중한 생명이 태어났습니다. 저의 남편과 저와 저의 아기가 살아가는데 큰 힘이 될 겁니다.

7. 자세한 내용은 추후 귀 경찰서에 출석하여 진술하겠습니다.

20 년   월   일

위 진정인 : ○○○   (인)

○○ 경찰서 귀중

사기

진 정 서

진정인 성   명 :
　　　　주민번호 :
　　　　주　　소 :
　　　　전화번호 :

피진정인 성   명 :
　　　　주민번호 :
　　　　주　　소 :
　　　　전화번호 :

■ 진정내용

1. 진정인은 ○○시 ○○구 ○○동 ○○번지에서 이삿짐센타를 운영하고 운영하고 있습니다. 그리고 피진정인은 진정인의 밑에서 비정기 근로자로 종사하였던 사람으로 진정인과는 친, 인척관계는 없습니다.

2. 피진정인은 진정인의 금원을 편취할 것을 마음먹고 2000.○.○. 진정인이 교통사고를 당하여 ○○병원에서 입원중인 때, 변제할 능력이나 의사가 전혀 없음에도 불구하고 진정인에게 접근하여 이사하는데 급히 돈이 필요한데 빌려주면 1개월만 사용하

고 틀림없이 지급하겠다고 거짓말을 하여 갚지 않는
수법으로 금 300만원을 교부받아 이를 편취하였습
니다.

3. 그리고 진정인에게 이사 간 주소를 알려주지 아
니하고 행방을 감춘 자로 진정인이 교통사고로 중상
을 입고 있는데 인정도 없이 돈을 가져간 뒤 행적을
감춘 소행이 극히 불량한 자이므로 진정서를 제출하
오니 수사하여 처리하여 주시기 바랍니다.

4. 자세한 내용은 추후 귀 경찰서에 출석하여 진술
하겠습니다.

20 년   월   일

위 진정인 : ○○○   (인)

○○ 경찰서 귀중

사문서위조 등

진 정 서

진 정 인 성　　　명 :
　　　　주민번호 :
　　　　주　　소 :
　　　　전화번호 :

피진정인 성　　　명 :
　　　　주민번호 :
　　　　주　　소 :
　　　　전화번호 :

■ 진정내용

1. 진정인은 ○○주식회사의 대표이사로서 2○○○.
○.○.부터 ○○시 ○○구 ○○동 ○○번지에서 회사
를 운영하였으며 2○○○.○.○.부터 현재까지 현주
소지인 ○○시 ○○구 ○○동 ○○번지로 본사를 신
축하여 이전하여 운영하고 있습니다.

2. 진정인은 2○○○.○.○. 관할세무서로부터 ○○
년도 3,4기분 '세금계산서 불부합거래 일람표'를 통
보받아 총 3개사에 대한 3억원에 대한매출누락사항
을 알게 되었습니다(A:1억원, B:1억원, C:1억원).

3. 그러나 진정인은 위 3개사와 거래한 사실이 전혀 없으며 업체명 및 대표자들에 대해서도 알지도 못한 상태이기에 관련업체를 통하여 해당 세금계산서 사본을 입수하여 확인한 바, 아래와 같은 내용이 당사와 과거부터 현재까지 발행하는 세금계산서와 차이가 있었으며 이를 근거로 관련업체가 진정인이 경영하고 있는 회사의 명의를 도용 및 위조한 세금계산서(도장포함)를 활용하여 관할 세무서에 세무신고를 필하였다고 판단합니다.

4. 입수된 세금계산서의 발행은 전산 양식으로 발행한 것으로 보이나, 진정인의 회사는 세금계산서를 발행할 때 현재까지도 전산으로 발행하지 않고 수기 또는 고무인을 이용하여 세금계산서를 발행하였기에 이 또한 상이합니다.
(00년도 당사가 발행하고 세무신고를 필한 세금계산서 사본 참조)

5. 상기의 사실로 보아 3개사가 진정인이 경영하고 있는 회사의 명의 무단으로 도용 및 위조한 세금계산서 및 인감을 사용한 것이 분명하오니 이에 대해 조사하여 처벌하여 주시기 바랍니다.

6. 자세한 내용은 추후 귀 경찰서에 출석하여 진술하겠습니다.

20 년   월   일

위 진정인 : ○○○   (인)

○○ 경찰서 귀중

쓰레기 매립장 지정에 따른 경우

진　정　서

진 정 인 성　　명 :
　　　　주민번호 :
　　　　주　　소 :
　　　　전화번호 :

피진정인 성　　명 :
　　　　주민번호 :
　　　　주　　소 :
　　　　전화번호 :

■ 진정내용

1. 현재 ○○시 ○○동 ○○부지가 ○○시 쓰레기 매립장 신축공사 부지로 선정되어 ○○시가 공사준비중에 있습니다. 하지만 쓰레기 매립장과 같은 혐오시설이 진정인들이 거주하는 지역에서 불과 500m 밖에 떨어져 있지 않는데도 당국에서는 주민들의 주거환경에는 신경 쓰지 않고 허가를 내주었습니다.

2. 위와 같은 시설이 이 지역에 들어선다면, 이 지역의 지가는 폭락할 것이며, 거주지역과 매립장과의 거리 또한 500m밖에 불과하여 악취, 토양·식수오

염등의 환경오염의 부작용이 뒤따를 것은 불을 보듯
뻔한 이치입니다.

3. ○○시에서는 이런 시설이 들어섬에도 불구하고
이 지역주민들에게 보상에 대한 어떠한 언급도 하지
아니하고 동 공사를 착수하려 하고 있어 이에 동 진
정인들은 연서하여 ○○시 쓰레기 매립장을 다른 곳
으로 이전하여 줄 것을 바라오며 이전이 불가능할
경우 이에 따른 상당한 보상을 하여 주실 것을 부탁
드립니다.

20 년 월 일

위 진정인 : ○○○   (인)

국민고충처리위원회 귀중

버스배차간격조정

진 정 서

진 정 인 성   명 :
　　　　주민번호 :
　　　　주   소 :
　　　　전화번호 :

피진정인 성   명 :
　　　　주민번호 :
　　　　주   소 :
　　　　전화번호 :

■ 진정내용

1. 진정인은 경기도 ○○시에 거주하는 자로서, 직장이 서울시 ○○구에 소재한 관계로 그곳까지 가는 대중교통수단으로는 ○○○번 좌석버스가 제일 신속하고 편리합니다.

2. ○○○번의 배차간격은 출·퇴근시간에는 10분 간격으로 있어 불과 1년전까지만 해도 출·퇴근을 편하게 할 수 있었는데 최근 들어 경기도 ○○시에 서울로의 유동인구가 많이 늘어 특히 출근시간에 많은 불편을 겪고 있습니다. 그야말로 '출근전쟁'이라

는 말이 나올 정도입니다.

3. 예전에는 출근에 소요되는 시간이 50분 정도 걸
렸는데 요즘에는 1시간30분 정도로 현저하게 늘었
습니다. 그 뿐 아니라 승객들은 일반버스의 2배가
넘는 요금을 내고도 시간 안에 출근해야하기 때문에
서서가는 불편까지 감수해야 합니다. 이것은 좌석버
스가 아니라 만원버스로 급기야 버스가 너무 복잡해
서 타지 못하고 발만 동동 구르는 사람도 있습니다.

4. 시민에게 가장 편리하게 서비스를 제공하여야 할
교통수단인 버스가 하루의 기분을 좌우하는 아침시
간에 울상으로 만들고 있습니다.

5. 위와 같은 불편사항의 개선점을 물론 출근시간에
배차를 늘리는 것이니 이를 시정하시어 버스가 시민
들의 으뜸교통수단이 될 수 있도록 하여 주십시오.

20 년 월 일

위 진정인 : ○○○   (인)

국민고충처리위원회 귀중

장애인 편의시설의 설치 · 점검

진 정 서

진 정 인 성   명 :
　　　　주민번호 :
　　　　주　　소 :
　　　　전화번호 :

피진정인 성   명 :
　　　　주민번호 :
　　　　주　　소 :
　　　　전화번호 :

■ 진정내용

　진정인은 서울시 ○○구 ○○동에 거주하는 1급 시각 장애인입니다. 그런 관계로 일상생활에 많은 불편을 겪고 있습니다.

　특히 지하철을 이용할 때 점자표지판이 없는 환승역도 있고, 지하철 점자표지판이 거꾸로 붙어있는 곳도 있습니다.

　물론 시각장애인만 불편을 겪는게 아닐 것입니다.

　휠체어를 사용하는 장애인들도 지하철 이용시 많은 불편을 겪고 있다고 들었습니다. 휠체어 이동 크래프트가 설치되어 있지 않는 구간도 많고 또 설치되어 있는 곳도 작동이 잘되지 않는다고 합니다.
　　이렇듯 장애인을 위한 시설들은 미흡하기 짝이 없습니다. 장애인도 일반인들과 같은 인간임을 잊지 마시고 이를 시정하시어 기존 지하철역의 미비점을 보완하여 주시고 또 앞으로 개통을 앞두고 공사 진행중인 모든 구간에서 장애인 편의시설을 설치·점검하고 불편 사항이 있으면 조속히 개선하여 주시기 바랍니다.

20 년　월　일

위 진정인 : ○○○　　　　　(인)

서울시 철도공사 귀중

교량명 변경신청

진 정 서

진 정 인 성　　　명 :
　　　　　주민번호 :
　　　　　주　　　소 :
　　　　　전화번호 :

피진정인 성　　　명 :
　　　　　주민번호 :
　　　　　주　　　소 :
　　　　　전화번호 :

■ 진정내용

　진정인은 ○○시 ○○구의 구청장입니다. ○○시 ○○동에 있는 ○○교와 ○○철교의 명칭과 관련하여 구청에 구민의 민원이 끊이질 않고 있습니다.

　○○교와 ○○철교는 ○○구의 ○○동에 있는 다리로서 그 명칭이 동의 명칭과 전혀 관계가 없이 상이할뿐더러 ○○시의 명칭과 같아 ○○간선도로를 이용하는 운전자들에게 ○○도 지역인 것처럼 혼란을 줄 수 있습니다. 이에 진정인은 지역 혼란을 일으킬 수 있는 ○○교와 ○○철교의 명칭을 동의 명칭과 같은 ○○교와 ○○철교로 변경하여 주실 것을

부탁드립니다.

20 년 월 일

위 진정인 : ○○○　　　　(인)

국민고충처리위원회 귀중

공사진동으로 인한 손해배상청구

진 정 서

진 정 인 성　　　명 :
　　　　주민번호 :
　　　　주　　　소 :
　　　　전화번호 :

피진정인 성　　　명 :
　　　　주민번호 :
　　　　주　　　소 :
　　　　전화번호 :

■ 진정내용

1. 진정인은 ○○시 ○○에서 송어 양식장을 운영하고 있습니다.

2. 20○○. ○. ○.부터 ○○구청이 추진하고 ○○건설주식회사가 공사를 맡은 ○○단지 진입도로 공사장 부근 진정인의 송어 양식장에서는 공사장에서 파일을 박는 작업을 하면서 발생한 소음과 진동으로 공사기간 모두 2만여마리의 송어가 폐사했습니다.

3. 공사중 발생한 진동이 겨울이 되어 저항력이 약해진 송어에게 충격을 줘 해동기에 집단폐사를 야기한 것입니다.

4. 진정인은 송어 양식장을 주업으로 하여 생계를 꾸려가고 있어 이번 송어 집단폐사로 재정의 큰 어려움을 겪고 있습니다.

5. 진정인의 이와 같은 억울한 사정을 보살피시고 위 사실들을 토대로 하여 진정인이 입은 손해를 배상하여 주시기 바랍니다.

20 년 월 일

위 진정인 : ○○○　　　　(인)

국민고충처리위원회 귀중

행정기관의 과실에 따른 보상요구

진 정 서

진 정 인 성　　　명 :
　　　　주민번호 :
　　　　주　　소 :
　　　　전화번호 :

피진정인 성　　　명 :
　　　　주민번호 :
　　　　주　　소 :
　　　　전화번호 :

■ 진정내용

1. 진정인들이 거주하고 있는 ○○구는 해마다 수해로 고통을 겪고 있는 지역입니다. 작년에도 다시는 수해가 되풀이 되지 않도록 대책을 마련해 달라고 진정하였으나 ○○구는 예산 부족을 이유로 임시방편으로 복구만 했을 뿐이었습니다. 이를 대변이라도 하듯 어김없이 올해도 피해를 입었습니다.

2. 진정인들은 국가의 지원이 턱없이 모자라는 탓에 자비를 털어 또는 모자라는 복구비를 충당하기 위하여 빚까지 져 가면서 보수공사를 하였습니다.

3. 그런데 20○○. ○. ○. ○○구로부터 이 지역은 도로로 편입될 예정이라는 통보가 왔습니다. 참으로 어처구니없는 일이 아닐 수 없었습니다.

4. 진정인들이 복구에 쏟은 시간과 돈과 노력은 한 순간 물거품이 된 것입니다. ○○구에서 도로확장공사와 같이 중요한 계획을 왜 이렇게 계획성 없이 추진했는지 알 수 없습니다. 이번일은 결국 행정기관의 잘못으로 인한 진정인들의 손해이면서 국가정책적 손해가 아니겠습니까?

5. 진정인들은 이에 진정인들의 손해를 보상하여 주실 것을 진정하는 바입니다.

20 년 월 일

위 진정인 : ○○○   (인)

국민고충처리위원회 귀중

신호등 설치요구

진 정 서

진 정 인 성   명 :
　　　　　주민번호 :
　　　　　주   소 :
　　　　　전화번호 :

피진정인 성   명 :
　　　　　주민번호 :
　　　　　주   소 :
　　　　　전화번호 :

■ 진정내용

1. 진정인은 ○○초등학교에 다니는 학생의 학부모입니다.

2. ○○초등학교는 학생수가 ○○○여명이나 되는 규모가 꽤 큰 학교인데도 불구하고 학교 앞 도로에 횡단보도만 있을 뿐 신호등이 설치되어 있지 않아 크고 작은 교통사고가 끊이지 않는 곳입니다.

3. 20○○. ○. ○.에는 진정인의 아들(8세) ○○○이 하교 길에 그곳 횡단보도를 건너다가 과속하는

차량에 치어 타박상등의 상해를 입어 3주간 입원한
적이 있습니다.

4. 진정인과 같은 어른들이 길을 건너기에도 과속하
는 차량들 때문에 무서울 정도인데 미성숙한 초등학
생들은 어떻겠습니까?

5. 이곳은 신호등 설치가 불가피하다고 사료되어 위
와 같이 진정하오니 신호등을 꼭 설치하여 우리나라
의 미래인 어린이들이 마음 놓고 길을 건널 수 있도
록 하여 주시기 바랍니다.

20 년   월   일

위 진정인 : ○○○   (인)

○○지방경찰청 귀중

주택가 무단방치차량의 단속요구

진 정 서

진 정 인 성   명 :
　　　　　주민번호 :
　　　　　주   소 :
　　　　　전화번호 :

피진정인 성   명 :
　　　　　주민번호 :
　　　　　주   소 :
　　　　　전화번호 :

■ 진정내용

1. 진정인은 ○○시 ○○구 ○○동에 거주하는 사람인데, 본 지역은 얼마 전부터 하나둘 늘어난 방치차량들 때문에 이 지역 거주 주민들이 불편을 겪고 있습니다.

2. 무단 방치차량들은 보통 오래돼서 낙후된 차들로 고장이 났거나 또는 폐차를 해야 하는데도 밀린 세금 때문에 못하고 인적이 뜸한 밤 시간에 버리고 가버린 것들이라고 합니다.

3. 이것들은 주택가 이면도로에 방치되어 있어 주택가 환경을 저해하고 있으며 교통장애와 범죄의 원상이 되고 있어 이 지역 주민들의 우려와 원성이 높습니다.

4. 이처럼 양심을 저버린 개인 이기주의로 인하여 피해를 입고 있는 지역주민들을 대표하여 바라오니 이를 ○○구청에서 일제히 단속하여 적발된 차량 주인들을 엄벌하시어 다시는 그런 파렴치한 일을 저지르지 않도록 하여 주셔서 본 지역 주택가 환경개선에 일조해 주시기 바랍니다.

20 년   월   일

위 진정인 : ○○○   (인)

○○지방경찰청 귀중

사망원인의 재조사요구

진 정 서

진 정 인 성   명 :
　　　　주민번호 :
　　　　주   소 :
　　　　전화번호 :

피진정인 성   명 :
　　　　주민번호 :
　　　　주   소 :
　　　　전화번호 :

■ 진정내용

1. 진정인의 아들인 ○○○은 20○○. ○. ○. ○○시 ○○동에 소재한 섬 ○○도에서 그곳에서 사는 어민 ○○○에 의해 변사체로 발견되었습니다.

2. 사망자 ○○○은 대학교 2학년인 학생이고 평소 가정은 물론 학교에서도 모범적인 생활을 하였습니다. 아들이 사망한 시점은 아들이 다니던 ○○대학교의 중간고사 기간으로 아들이 학교가 아닌 ○○도에 왜 갔는지 도무지 이해가 가지 않습니다.

3. 아들의 친구들에게 물어보니 사망전날 밤늦게까
지 다음날 있을 시험에 대비하여 도서관에서 함께
공부하였고 별 이상한 점은 없었다고 합니다.

4. 그런데 사건 당일 아침 일찍부터 아들의 친구라
는 사람으로부터 전화가 와서 바꿔주었는데 아들이
몹시 당황하면서 알았다며 전화를 끊고 허겁지겁 가
방을 챙겨 진정인이 무슨 말을 물어볼 틈도 없이 나
가버렸습니다.

5. 사건당일 목격자들에 의하면 아들은 형처럼 보이
는 사람과 동행하였다고 합니다.

6. 하지만 경찰에선 동행한 사람의 소재 파악이 어
려워 사건이 미궁에 빠지자 관광을 와 실족사한 것
으로 처리하여 버렸습니다. 아들의 몸엔 실족사 당
시 상처로 보기엔 너무나 심한 멍과 이곳저곳 주먹
으로 얻어맞은 것처럼 보이는 상처들이 있습니다.

7. 이처럼 진정인의 아들 ○○○의 사망과 관련하여
석연치 않은 점이 많고 단순히 해변가 인근 바위에
서 실족하여 수영미숙으로 인하여 사망하였다고 처
리하여 진정인은 너무 억울한 나머지 아들의 사망원
인을 확실히 밝혀 마지막 가는 길이나마 편하게 갈
수 있도록 해주고 싶어 이렇게 부탁드리오니 철저히
재수사 하시어 진실을 밝혀주시기 바랍니다.

20 년   월   일

위 진정인 : ○○○   (인)

○○지방경찰청 귀중

진 정 서

진 정 인 성　　명 :
　　　　주민번호 :
　　　　주　　소 :
　　　　전화번호 :

피진정인 성　　명 :
　　　　주민번호 :
　　　　주　　소 :
　　　　전화번호 :

■ 진정내용

1. 진정인은 20○○. ○. ○. ○○시 ○○구 ○○동 ○○번지에 대규모 실버타운을 신축하고자 ○○시청에 신축허가신청을 하였습니다. 그러나 ○○시청에서는 상수도 시설이 되어 있지 않아 허가를 내줄 수 없으니 상수도 시설을 갖추면 허가를 내주겠다고 허가거부 의사표시를 하였습니다.

2. 이에 진정인은 금○○○원을 들이는 대규모 상수도시설공사를 하여 도면설계까지 마쳐 20○○. ○. ○. ○○시청을 다시 찾았습니다.

3. ○○시청에서는 이번에는 또 자연경관과 맞지 않는 건축물이라며 말도 되지 않는 이유로 허가를 거부하였습니다.

4. 진정인은 설계를 의뢰할 때 그곳의 자연경관을 모두 고려하여 조화를 이루도록 도면을 설계하도록 하였음에도 ○○시청에서는 ○○시 ○○구 ○○동 ○○번지를 한번도 시찰해 보지 않고 그러한 결정을 한 것입니다.

5. 그리고 위 지역은 준농림지역이므로 위 건축물이 들어서지 못할 이유도 없습니다.

6. 위와 같은 ○○시의 건축행정의 잘못으로 진정인은 재정이 악화되어 상당한 어려움을 겪고 있습니다.

7. 바라옵건대 진정인의 허가신청을 재검토하시어 건축허가 거부처분을 취소하고 허가하여 주시기 바랍니다. 이것이 불가능하다면 진정인이 위 공사로 인하여 입은 손해를 보상하여 주실 것을 간곡히 부탁드립니다.

20 년   월   일

위 진정인 : ○○○   (인)

건설교통부장관 귀중

진 정 서

진 정 인 성   명 :
　　　　주민번호 :
　　　　주   소 :
　　　　전화번호 :

피진정인 성   명 :
　　　　주민번호 :
　　　　주   소 :
　　　　전화번호 :

■ 진정내용

1. ○○시 ○○구 ○○동의 ○○빌라는 지은 지 15년이 지난 건물로서 붕괴위험이 있을 정도로 낙후되어 있습니다. 이 건물은 콘크리트로 지어진 건물로 콘크리트건물은 본래 강도가 강하여 30~40년 정도는 문제가 없어야 하지만 상식과 어긋나고 있습니다.

2. 빌라의 건설회사측에 건의도 해보고 의견도 제시하였지만 아무런 응답도 없습니다.

3. 건물의 벽면은 제멋대로 금이 가 있고, 그 틈사이로 녹슨 철근이 훤히 보입니다.

4. 진정인들은 본 건물이 언제 붕괴될지 몰라 공포속에서 하루하루 보내고 있습니다. 부실공사의 현주소인 위 ○○빌라의 붕괴위험에 대비하여 보수를 바라며, 위 빌라가 재건축된다면 더 바랄 것이 없습니다.

5. 위와 같은 점들을 시정하시어 진정인들이 하루속히 건물붕괴의 불안에서 벗어날 수 있도록 해 주시기 바랍니다.

20 년 월 일

위 진정인 : ○○○   (인)

○○시 귀중

진 정 서

진 정 인 성   명 :
주민번호 :
주   소 :
전화번호 :

피진정인 성   명 :
주민번호 :
주   소 :
전화번호 :

■ 진정내용

1. 진정인들은 이 지역에 신설된 ○○지하철 ○호선 개통을 앞두고 생활에 큰 불편을 느끼고 있습니다.

2. 20○○. ○. ○.부터 지하철 개통을 위한 시험운행이 시작된 후 그에 따른 소음과 진동으로 건물에 균열이 생기고 또한 이 지역 세입자들 중 ○여 가구는 벌써 집을 비우는 등 피해가 극대화 되고 있습니다.

3. 시민의 고통을 덜어주고 시민의 발이 되어야 할 대중교통 수단이 오히려 이 지역 주민들에게는 크나큰 고통과 불편만 안겨주고 있는 셈입니다.

4. 아직 개통도 되지 않은 상태라 현재 상황은 빙산의 일각에 불과한 정도이고 개통 후엔 지금보다 주민 피해상황이 증가될 것임은 불을 보듯 뻔한 이치입니다. 이에 진정인들은 연서하여 이의 시정을 요구하오니 이주대책을 조속히 마련해 주시기 바랍니다.

20 년 월 일

위 진정인 : ○○○   (인)

○○지하철 건설본부 귀중

진 정 서

진 정 인 성   명 :
　　　　주민번호 :
　　　　주   소 :
　　　　전화번호 :

피진정인 성   명 :
　　　　주민번호 :
　　　　주   소 :
　　　　전화번호 :

■ 진정내용

1. 진정인은 승용차로 ○○시 ○○동 ○○가를 지나 출근하고 있습니다.

2. 이곳은 유동인구가 많은 곳으로 십자로이며 또 ○○고가로 진입하는 곳이 있어 그만큼 교통도 혼잡하고 정체도 심한 곳입니다.

3. 하지만 이곳 도로의 신호체계는 비만 오면 신호등이 고장나서 엉망이 되기 일쑤입니다. 이런 상황이 꽤 오래 되었는데도 아직까지 시정되지 않아 비

만 오면 운전자들의 고통을 가중시키고 있습니다.

4. 비가 오면 교통순경이 나와 수신호를 하지만 역부족입니다.

5. 평소에도 교통체증으로 몸살을 앓고 있지만 비가 오면 더욱 심각하여 심지어 교통사고까지 유발하고 있으니 이를 시정하여 주시옵기 간곡히 부탁드립니다.

20 년   월   일

위 진정인 : ○○○　　　　　(인)

○○경찰서장 귀중

진　정　서

진 정 인　성　　명 :
　　　　　주민번호 :
　　　　　주　　소 :
　　　　　전화번호 :

피진정인　성　　명 :
　　　　　주민번호 :
　　　　　주　　소 :
　　　　　전화번호 :

■ 진정내용

1. 진정인은 20○○. ○. ○. 주택조합 참여로 ○○시 ○○구 ○○동 ○○아파트를 소유하고 있던 중 20○○. ○. ○. 진정인 모친의 사망으로 인하여 모친 소유 부동산인 아파트를 협의 분할 상속받았습니다.

2. 그리고 진정인은 진정인이 먼저 소유하고 있던 ○○아파트를 ○○○에게 양도하였는데 ○○세무서에서 양도소득세 금 ○○○원을 납부하라는 통지가 날아왔습니다.

3. 진정인은 1주택을 소유한 1세대가 상속에 의하여
피상속인이 상속개시 당시 소유한 1주택을 취득한
경우 당해 상속받은 주택은 보유기간이나 양도시기
에 제한 없이 1세대 1주택으로 보아 양도일 현재 3
년이상 주택을 보유한 경우에는 양도소득세를 비과
세 받을 수 있다고 알고 있습니다.

4, 이와 같은 점을 참작하시어 철저히 검토하시어
이의 부과처분을 취소하여 주시기 바랍니다.

20 년 월 일

위 진정인 : ○○○   (인)

○○세무서 귀중

진 정 서

진 정 인 성   명 :
　　　　주민번호 :
　　　　주　　소 :
　　　　전화번호 :

피진정인 성   명 :
　　　　주민번호 :
　　　　주　　소 :
　　　　전화번호 :

■ 진정내용

1. 진정인들은 ○○아파트 신축지역 인근에 거주하는 주민들입니다.

2. ○○건설(주)은 20○○. ○. ○. 경부터 이 지역에 ○○아파트를 건립 중에 있으며, 이 아파트는 큰 단지를 이루고 있고 그 높이도 25층으로 건축예정인 고층아파트입니다.

3. ○○아파트 신축공사가 진행 중인 관계로 진정인들은 엄청난 소음공해와 그리고 공사장에서 날아오

는 먼지로 인하여 한낮에도 창문을 열어놓지 못하고 있습니다.

4. 이런 정도의 불편은 감수하더라도 만약 ○○아파트가 건립된 후의 진정인들의 생활은 더욱 악화될 것입니다.

5. 그 이유는 ○○아파트와 진정인들이 살고 있는 곳의 거리가 너무 가까워(약50m) 일조권이 침해될 것이고 또 ○○아파트가 25층에 달하는 고층이기 때문에 진정인들의 사생활이 노출될 가능성도 있으며 이러한 문제는 부동산 가격의 하락이라는 또 다른 문제를 야기하게 될 것입니다.

6. 위와 같은 이유로 진정인들은 ○○아파트 신축으로 인한 소음등 지가 하락의 폐해들을 보상하여 주실 것을 진정합니다.

20 년 월 일

위 진정인 : ○○○   (인)

국민고충처리위원회 귀중

진　정　서

진 정 인 성　　명 :
　　　　주민번호 :
　　　　주　　소 :
　　　　전화번호 :

피진정인 성　　명 :
　　　　주민번호 :
　　　　주　　소 :
　　　　전화번호 :

■ 진정내용

1. 진정인은 20○○. ○. ○.경 ○○시 ○○구 ○○동 ○○번지 ○○빌딩 주차장에서 주차를 시킨 채 업무를 보고 약 10분후에 나와 보니 차량의 앞 유리에 주차위반이란 스티커가 부착되어 있어 주차장에 주차한 경우도 주차위반이 되나 하고 며칠 후 과태료통지서를 받고 이에 이의신청을 하였습니다.

2. 그런데 이이신청은 받아들여지지 않았고 과태료를 납부하여야만 하였습니다.

3. 이유인즉 주차장에 주차를 하였지만 자리의 일부가 주차장이 아닌 인도에 조금 나와있다는 것으로 주차단속요원은 이 현장을 사진에 담으면서 주차장 및 주위 도로와의 인접관계 등 제반사정을 고려하여 사진을 촬영하여야 주차위반 사실을 알 수 있음에도 불구하고 차체의 앞부분과 인도로 약간 나온 부분만 촬영하여 보관한 관계로 차량 앞부분을 제외한 전체 부분이 주차장에 주차되어 있는 사실과 그곳이 주차장인지 그냥 도로에 인접한 인도인지를 분간할 수 없게 하여 사진 상으로 볼 때는 마치 차량이 인도 중간에 주차한 것 같은 착각을 일으키게 하는 형태입니다.

4. 이렇듯 주차단속요원들은 주차위반 차량에 스티커를 붙이고 난 뒤 차량의 일부분만 촬영할 경우 실질적으로 주차위반에 해당하는지의 여부를 명확하게 특정지을 수 없어 선의의 피해자가 이의신청을 제기한다 하더라도 동 사진을 증거물로 보고 파악하기 때문에 이의신청이 받아들여지지 않는 경우가 허다하므로 주차위반 차량을 단속하여 스티커를 부착한 경우 차량의 번호식별이 가능한 거리에서 주위여건을 알아볼 수 있는 형태로 사진 촬영을 할 수 있도록 주·정차단속요원들의 사전교육이 필요하다고 사료되오며 주·정차단속이 단속위주가 아닌 실질적 교통의 원활한 거리환경조성에 이바지할 수 있도록 하고 진정인과 같은 선의의 피해자가 나오지 않도록 하여 주실 것을 부탁드립니다.

        20 년 월 일

          위 진정인 : ○○○   (인)

○○시청 귀중

산림벌채허가 취소요구

진 정 서

진 정 인 성   명 :
　　　　　주민번호 :
　　　　　주   소 :
　　　　　전화번호 :

피진정인 성   명 :
　　　　　주민번호 :
　　　　　주   소 :
　　　　　전화번호 :

■ 진정내용

1. ○○군 ○○면 ○○리 마을은 타 지역보다 바닷바람이 강하게 부는 지역에 있는 까닭에 주민들은 조상대대로 마을 입구에 늘어선 소나무등 산림이 마을로 불어오는 바람을 막아주어 동 주민들은 동 산림을 마을의 수호신처럼 여기면서 소중하게 생각하고 가꾸어 왔습니다.

2. 그런데 금번 군청에서 ○○주식회사에 의한 산림벌채를 허가하여 그동안 마을로 불어오는 바람막이 역을 하며 소중하게 가꾸고 이 마을의 상징인 소나

무등 산림이 무자비하게 잘려나가게 생겼습니다.

3. 동 산림이 벌목될 경우 ○○리는 바람의 무풍지대가 되어 마을의 온기가 사라지며 또한 강한 바람이나 비바람 등이 몰아칠 경우 이 비바람 등이 곧바로 가옥에 부딪혀 가옥의 파손은 물론 동 주민들의 생명에도 직·간접적 영향이 크며 농작물은 그야말로 재배할 엄두도 낼 수 없을 지경입니다.

4. 이렇듯 마을을 지켜주고 대표하는 산림을 군청에서 ○○주식회사의 청에 따라 벌목을 허가하는 것은 주민들의 의견과 앞을 보지 못하는 심히 부당한 행위로 이는 당연히 취소되어야겠기에 인근 주민들이 연서하여 진정하는 바입니다.

20 년   월   일

위 진정인 : ○○○   (인)

○○도청 귀중

사인조사 요청

진　정　서

진 정 인 성　　명 :
　　　　　주민번호 :
　　　　　주　　소 :
　　　　　전화번호 :

피진정인 성　　명 :
　　　　　주민번호 :
　　　　　주　　소 :
　　　　　전화번호 :

■ 진정내용

1. 진정인은 20○○. ○. ○. ○○부대에서 근무중 자살로 판명난 ○○○의 부친으로 ○○○은 평소 정직하고 착실하여 학창시절에도 모범적인 학생이라는 주위의 칭찬을 많이 받았습니다.

2. 그런데 ○○○은 20○○. ○. ○. ○○대학 ○○학부 1학년을 마치고 휴학을 한 채 군에 입대하여 부대생활에 충실하며 이제 불과 제대를 몇 개월 앞둔 시점에서 자살을 하였다는 것은 도저히 납득이 가지 않습니다.

3. 얼마전 20○○. ○. ○. 휴가를 나와서도 이제 몇 달만 있으면 제대를 하는데 제대를 하고 복학을 하여 열심히 공부하겠다고 하였는데 휴가를 마치고 입대한지 불과 일주일만에 자살을 하였다니 뭔가 석연치 않은 부분이 있습니다.

4. 또한 군 당국에서 자살이유로 내세우는 것도 납득이 가지 않습니다.

5. 군 당국에서는 20○○. ○. ○. ○○○이 저녁 식사를 한 후 이병 ○○○와 한조가 되어 야간 경계근무를 나갔는데 경계근무중 이병 ○○○이 ○○○의 말을 잘 듣지 않아 ○○○이 이병 ○○○을 근무중 구타를 하였는데 부대에서 ○○○을 구타 및 경계근무태만에 따라 영창을 보내려고 하였는데 다음날 아침 식사를 한 ○○○이 한적한 부대 옆 야산에서 자신이 소지하고 있던 군용대검으로 목 부위 및 자신의 심장을 찔러 자살을 하였다는 것입니다.

6. 그런데 자살을 한 사람이 목과 자신의 심장을 대검으로 찔러 자살을 하였다는 점에 대해서도 납득이 가지 않습니다.

7. 설사 자살을 기도하려고 심장이나 목 부분중 어느 한군데를 찔렀다고 가정을 하더라도 같은 부위가 아닌 심장과 목 부분으로 그 상처의 깊이나 강도등을 보면 도저히 이해가 가지 않습니다.

8. 이에 ○○○의 정확한 사인을 조사하여 그 진상을 밝혀 주시기를 바라옵기에 이에 진정합니다.

20 년   월   일

위 진정인 : ○○○　　　　　(인)

국민고충처리위원회 귀중

진 정 서

진 정 인 성 　 명 :
　　　　주민번호 :
　　　　주 　 소 :
　　　　전화번호 :

피진정인 성 　 명 :
　　　　주민번호 :
　　　　주 　 소 :
　　　　전화번호 :

■ 진정내용

1. 진정인은 20○○. ○. ○. ○○:○○경 ○○에 있는 회사에서 퇴근을 한 후 집으로 가기 위해 진정인 소유 ○○ 승용차 11가1111을 운전하여 ○○사거리 앞에 이르러 마침 신호등이 적색이라 대기하고 있다가 직진신호를 받고 직진하여 사거리를 거의 통과할 무렵 ○○방향에서 ○○으로 직진하려던 ○○○의 ○○ 승용차 22나○○○○가 갑자기 2차선상에서 우회전하며 차량을 진행함으로 진정인의 차 우측 앞부분과 ○○승용차 좌측 앞부분이 충돌하여 이 충격으로 진정인은 갈비뼈가 부러지는 등의 상해를 입고

병원으로 실려 가고 치료를 받았는데 이 사고를 수사 중인 경찰관은 진정인이 1차선상에서 우회전하던 차량을 동 사거리 진입 전에 발견하고도 이를 무시한 채 진행하여 충돌하였다는 것으로 작성되어 진정인은 억울하게도 피해자가 아닌 가해자로 되어 있었습니다.

2. 이에 진정인은 여러 차례 항의도 하여보고 하였지만 이를 시정할 생각은 않고 당신이 잘못했으니까 잘못했다고 기재한 것 아니냐며 오히려 큰소리를 치고 있습니다.

3. 나중에 안 사실이지만 상대 승용차의 운전자는 동 경찰서 소속 ○○지구대에 근무하는 경찰관이었던 것입니다.

4. 이렇게 동료 경찰관이라고 하여 사건의 진실을 왜곡한채 죄 없는 시민을 죄인으로 만들고 동료들만 두둔한대서야 올바른 법의 집행이 되겠습니까.

5. 이에 진정인은 사건의 진실을 규명하여 진정인과 같은 선의의 피해자가 다시 발생하지 않기를 바라며 아울러 진정인의 억울한 마음을 이해하시어 이를 바로잡아 진상을 밝혀 주시기를 바라옵기에 이에 진정합니다.

6. 상세한 내용은 귀 ○○청에 출석하여 진술하겠습니다.

20 년   월   일

위 진정인 : ○○○   (인)

○○지방검찰청 귀중

종량제 봉투가격이 비싼 경우

진　정　서

진 정 인 성　　명 :
　　　　주민번호 :
　　　　주　　소 :
　　　　전화번호 :

피진정인 성　　명 :
　　　　주민번호 :
　　　　주　　소 :
　　　　전화번호 :

■ 진정내용

1. 진정인들은 지난 쓰레기 종량제 실시등에 따라 쓰레기봉투를 구입하여 생활쓰레기를 처리하여 왔습니다.

2. 그런데 ○○시 지역 인근 구에서는 쓰레기 봉투 가격이 10ℓ 금○○○원, 20ℓ 금○○○원, 50ℓ 금○○○원, 100ℓ 금○○○원으로 이곳의 가격인 10ℓ 금○○○원, 20ℓ 금○○○원, 50ℓ 금○○○원, 100ℓ 금○○○원보다 각기 ○○이나 싸게 책정되어 있습니다.

3. 인근 ○○구의 경우 주민들의 생활수준이 이곳보다 상당히 높은 데도 쓰레기봉투가격은 오히려 금○○○원이나 싸게 책정되어 있습니다.

4. 이렇듯 같은 시내에서도 구 별로 가격차가 현저하게 다른 이유를 알 수 없습니다.

5. 물론 쓰레기 매립장과의 거리관계 때문이라는 말을 하는데 이는 설득력이 없다고 사료됩니다.

6. 설사 쓰레기매립장과의 거리 차이라면 인근 ○○구와 저희 ○○구를 비교하여 보면 오히려 인근 ○○구가 저희 ○○구보다 오히려 ○Km나 먼 거리에 있습니다.

7. 그러므로 저희 구민들은 인근 구보다 쓰레기봉투가격이 비싼 이유를 알 수 없고 이의 적정한 가격 재결정을 바라옵기에 지역주민들이 연서하여 진정하는 바입니다.

20 년   월   일

위 진정인 : ○○○   (인)

○○시청 귀중

제2장

탄원서

제1절 개요

제1절 개요

　탄원서는 그 성격이 진정서와는 대조적으로 깊히 반성하고 있으니 처벌하지 말아달라는 피해자 등 당사자 또는 주위사람들이 공동으로 작성하는 것으로, 탄원서를 작성하실 때 특별한 양식은 없으며 편지형식으로 적어도 됩니다.

탄원인이 많을 경우 탄원인 명부를 연명으로 작성하여 별도로 첨부하여도 무방합니다.

　탄원사유에 합의하려는 당사자의 노력, 병원 간병, 장애여부,훈포장 수여관계, 차관급(사단장) 이상의 표창, 용감한 시민상,청룡봉사상 등 표창장 사본, 10년간 통장으로 봉사, 복지센터를 설립하여 20년간 봉사 등 국가나 사회발전을 위해 당사자가 헌신한 경력 등을 기재하시면 참고할 수 있습니다

　탄원인은 탄원하는 사람이고 피탄인은 탄원받아야 할 피고인(피의자, 범인, 징계대상자)이므로 탄원인이 여러 명일 경우 탄원인 인적사항과 서명 등은 각 탄원인마다 연명으로 자필 서명 날인(무인 포함)하셔도 됩니다

　탄원서는 판사님에게 선처를 바라는 편지이기 때문에 글재주가 없으면 없는대로 마음속에 있는 내용을 그대로 표현하시면 됩니다.

　탄원서를 법무사나 대서소에 의뢰하여 전형적이고 형식적인 내용만을 담은 탄원서를 제출하시는 분이 있는데 그

런 것보다는 다소 맞춤법이 틀리고 문장 구성이 엉성해도 제출하시는 분의 정성을 담은 내용의 탄원서가 더욱 판사님의 마음을 움직일 수 있다고 봅니다.

제2절
탄원서 작성사례

탄 원 서

- 사　　　건 :　　　　　　　　(사건번호 :　　　　)
- 수　　　신 :

- 고 소 인 :
- 피의자(피탄원인) :
- 탄 원 인 성 명 :
　　　　　　주　소 :　　　　　　(연락처 :　　　　)

■ 제　　목 : 주거환경개선사업을 할 수 없음에도 있는 양 속여 편취, 사기죄로 수사중인 피탄원인을 엄벌에 처해 주시기 바랍니다.

◉ 피탄원인 등은 공모하여 ○○시 ○○구 ○○동 ○○번지 일원에 주택재건축 사업을 할 수 없음에도 있는 양 탄원인을 속여 1억1,100만원을 사취한 죄로 2)피탄원인 ◇◇◇만 구속이 되어 현재 귀 법원 사건번호 2○○○ 고단 2○○○호 형사 ○단독에서 재판계류 중인 사기사건의 피해자 ○○○입니다.

◉ 본 탄원서를 올림은 귀 법원에서 2)피탄원인 ○○○을 일방적으로 석방해 줌으로서 탄원인에게 하등의 사과는 커녕 피해금을 돌려줄 의사도 보이지 않을 뿐만 아니라 오히려 큰 소리를 치고 있어 분통

이 터져 탄원서를 작성합니다.

◉ 무슨 연유로 죄상이 밝혀져 구속이 되었던 사람을 불과 5개월 만에 풀어 주었는지요? 그것이 궁금하며 석방이후 피탄원인 등은 반성은 커녕 이제 와서는 피해금을 아예 돌려줄 생각도 않고 있습니다.

◉ 억울하게 당한 피해자의 입장에 서서 한번만 더 심사숙고해주실 것을 원하오며 죄인이 오히려 큰소리치는 세상은 반드시 척결해 주시기를 간절히 바랍니다.

◉ 부디 탄원인이 불이익을 당하지 않도록 해주시옵고 귀 법원의 무궁한 발전을 기원하겠습니다.

2000. 0. 0

위 탄원인 ○○○ (인)

○○ 지방법원 귀중

탄 원 서

- 사　　　건 :　　　　　　　　（사건번호 :　　　）
- 수　　　신 :

- 고 소 인 :
- 피의자(피탄원인) :
- 탄 원 인 성 명 :
　　　　　주　　소 :　　　　　（연락처 :　　　）

■ 제　　목 : 강도죄로 수사중인 피탄원인을 선처해 주시기 바랍니다.

◉ 자식의 교육을 잘못시킨 부모로서 감히 자식에 대해 선처를 바라는 탄원서를 드리는 것이 과연 부모로서 할 도리인지도 잘 모르겠습니다.

◉ 탄원인은 회사원으로 일하면서 아들 딸 두 남매를 두고 있습니다.

◉ 그런데 피탄원인은 친구들과 어울려 동료들로부터 150,000원을 뺏은 것으로 하여 보호관찰 중에 또 다시 이런 사건을 저질렀습니다. 그야말로 부끄럽고 몸둘 바를 모르겠습니다. 그러나 자식이고 보니 어찌하겠습니까?

◉ 이번 사건은 정말 상상도 할 수 없는 사건이었습니다. 제 자식이라고 해서 그런 것이아니라 집에서도 말이 적고 부모에게 뿐 만 아니라 할아버지한테도 효심이 지극한 손자입니다. 그리고 피탄원인 개인으로 보면 고등학교 3학년으로 대학수시합격 통지를 받고 있고, 꼭 대학에 가서 인테리어를 전공하여 성공할 것이라고 입버릇처럼 말해오면서 부모에게 효도하겠다고 말해왔습니다.

◉ 그러던 자식이 이 같은 범행을 저지르고 보니 저희 부모는 하늘이 무너지는 듯한 충격에서 헤어나지 못하고 있습니다. 이번 일은 용서받기 어려운 줄 알고 있으나 그나마 서로 합의를 하였고, 피해자는 처벌을 바라지 않고 있습니다.

◉ 부끄럽지만 이번 단 한 번의 기회를 주신다면 저희 부부는 자식의 교육에 배전의 노력을 다 할 것을 다짐드리면서 피탄원인이 꿈을 이룰 수 있도록 꼭 한 번만 배려하여 주시기를 간절히 바라면서 이 탄원서를 드립니다. 안녕히 계십시오.

2000. O. O

위 탄원인 OOO　(인)

OO 지방법원 소년부 귀중

6주 상해 입히고도 치료비는 물론 사과하지 않음

탄 원 서

- 사　　　건 :　　　　　　　　(사건번호 :　　　)
- 수　　　신 :

- 고 소 인 :
- 피의자(피탄원인) :
- 탄 원 인 성 명 :
　　　　주　소 :　　　　　　(연락처 :　　　)

■ 제　　목 : 탄원인의 요구사항

◉ 과연 그날 순수하게 피해를 당한 탄원인도 쌍방 입건 된 것이 사실인지요?

◉ 만약, 사실이라면 재조사를 요청합니다.

◉ 그리고 탄원인을 집단폭행 한 피의자들의 인적사항은?

◉ 아울러 전치 6주에 대한 피해회복은 어떤 절차가 있는지요?

                                          2000. ○. ○
                               위 탄원인 ○○○ (인)

                    ○○ 경찰서 귀중

조기석방 촉구

탄 원 서

- 사　　건 :　　　　　　　　　　(사건번호 :　　　　)
- 수　　신 :

- 고 소 인 :
- 피의자(피탄원인) :
- 탄 원 인 성 명 :
　　　　　　주　　소 :　　　　　　　　(연락처 :　　　　)

■ 제　　목 : 골프회원들이 골프장 주인 조기석방 촉구

◉ ○○○로 구속수사중인 피탄원인을 조기석방하는 선처를 하여 주시기 바랍니다.

◉ 탄원인들은 ○○시 ○○동 소재 <○○골프클럽>에서 골프로서 건강을 유지해오던 고객들입니다.

◉ 그런데 어느 날 갑자기 위 클럽 대표이사인 ○○○씨가 동업자들끼리의 어떤 문제가 있었는지는 몰라도 2000.○○.○○ 구속이 되어 현재 ○○고등법원에서 2000 노 ○○○○호로 항소하여 재판계류 중에 있는 것으로 알고 있습니다.

◉ 위 클럽에는 정·비회원들이 약 300여명 되는데 주인이 없는 집에 객이 드나들고 있음은 실로 가슴 아픈 일이 아닐 수 없을 뿐만 아니라 저희 회원들 중 정회원 약 30여명은 이미 2,000만원씩을 각 지불하였고 비회원들은 대개 약 50여만원씩을 납부하였습니다.

◉ 그런데 최근 위 ○○골프가 경매로 넘어가 낙찰자가 영업장을 폐쇄한다고 하니 저희 고객들은 황당하며 당장 운동을 할 수 없는 처지에 놓이게 되었습니다.

◉ 그래서 저희 고객들은 별첨과 같이 연명으로 탄원하오니 조속한 시일내 위 대표자를 석방하시어 옛날과 같이 즐거운 마음으로 운동을 즐길 수 있도록 법의 관대한 배려를 촉구하면서 본 탄원서를 제출합니다.

2000. 0. 0
위 탄원인 대표 외 ○○골프 회원 일동

○○ 지방법원 ○○○ 재판장님 귀중

서명자 명부

번호	성명	주민번호	주소	날인

번호	성명	주민번호	주소	날인

탄 원 서

- 사　　건 :　　　　　　　　　　(사건번호 :　　　)
- 수　　신 :

- 고 소 인 :
- 피의자(피탄원인) :
- 탄 원 인 성　명 :
　　　　　　　주　소 :　　　　　　(연락처 :　　　)

■ 제　　목 : 구속된 아들 선처

◉ 사회봉사명령 불이행으로 구속수사중인 피탄원인을 선처해 주시기 바랍니다

◉ 피탄원인 ○○○은 ○○지방법원 2○○○　○○○○호 항소○부에서 재판계류중인 수감자(수형번호 ○○○번)이고, 탄원인 ○○○는 위 피탄원인의 어머니로서 현재 외롭게 홀로 살아가고 있습니다.

◉ 피탄원인을 범법자로 만든 것은 한마디로 이 못난 어미에게 있다고 하겠습니다. 피탄원인은 아무런 잘못도 없으니 대신 이 어미를 벌하여 주십시오!

◉ 피탄원인은 다른 집 자식들과 마찬가지로 예절바르고 착한 아들이었는데 모든 것이 이 못난 어미의 가정파탄과 무지가 그렇게 만들어버리고 말았습니다.

◉ 피탄원인도 맹세를 하였습니다. 언젠가는 출소하게 되면 자신이 저지른 피해금액에 대해 피해자에게 찾아가 백배사죄하면서 그 변제금을 다달이 갚아나갈 것이라고 이 어미에게 굳게 약속을 하였습니다.

◉ 피탄원인은 못 배운 것이 한이 되는지 새 출발을 결의하면서 영어회화 책자를 보내달라는 내용도 곁들였습니다. 부디 그 뜻을 저버리지 마시기 바랍니다.

◉ 피탄원인은 자신이 지은 죄 값으로 이미 긴 세월을 교도소에서 복역을 하였는데 사회봉사명령을 이행하지 않았다는 이유로 또 다시 교도소에서 장구한 세월동안 수감생활을 한다는 것은 자신이 지은 죄 값에 비해 너무도 무거운 형벌이라 사료됩니다.

◉ 일시 방황을 하다 이제 마지막으로 효도를 하겠다며 굳은 결의로서 맹세하는 피탄원인의 갸륵한 효심을 참작하시어 최대한의 관용과 선처를 구하고자 이렇게 실날같은 모정으로 이 탄원서를 올리는 것입니다.

◉ 끝으로 모든 것 접어두고 감형을 원하오니 선처해 주시기 바랍니다.

2000. 〇. 〇

위 탄원인 김〇〇

〇〇 지방법원 항소 〇 재판부 귀중

법의 관용 호소

탄 원 서

- 사　　　건 :　　　　　　　　(사건번호 :　　　)
- 수　　　신 :

- 고 소 인 :
- 피의자(피탄원인) :
- 탄 원 인 성 명 :
　　　　　　주　　소 :　　　　　　(연락처 :　　　)

■ 제　　목 : 음주운전으로 수사중인 피탄원인을 선처해 주시기 바랍니다.

◉ 탄원인은 ○○상사 ○○부에서 대리로 근무하는 자이고 피탄원인 ○○○은 ○○은행 청경으로 근무중인 자로 피탄원인과 탄원인은 형제지간입니다.

◉ 탄원인이 이 탄원서를 올림은 다름이 아니라 피탄원인이 음주 교통사고를 내어 피해자와 원만히 합의를 하였으나 향후 처벌관계에 있어서 법의 관용을 호소하기 위하여 이 글을 올립니다.

◉ 피탄원인은 2000.00.00 00:00경 운동장에서 ○○, ○○, ○○ 고향 지인들과 체육대회를 마치고 그곳에서 약간의 음주를 한 후 자가운전을

하여 귀가 중 신호대기 중인 영업용 차량을 후미에
서 경미하게 접촉사고를 내었다는 사실을 탄원인은
뒤늦게 들어 알게 되었습니다.

◉ 그래서 탄원인은 동생 된 입장에서 피해운전사를
만나 백배사죄하고 어려운 살림살이에 합의금을 지
불한 뒤 서로 원만하게 해결을 보았습니다.

◉ 그런데 피탄원인의 위 교통사고는 이미 경찰에
접수가 되어 처벌문제를 남겨놓고 있습니다.

◉ 피탄원인의 노모는 장애자로 노환에 시달리고 있
으며 나름대로 숱한 세월이 흐르는 동안 자식을 위
해 혼신의 노력을 다해 온 정성을 저희 형제들은 물
론 이웃들도 잘 알고 있습니다.

◉ 비록 가난한 농촌의 집안에서 태어난 피탄원인은
한때나마 단란한 가정을 꾸려오다 불의의 오토바이
사고로 인해 처와 헤어진 뒤 일시 방황하다 이제 딸
자식이라도 훌륭하게 키우려고 노력하는 모습들이
너무나도 안쓰럽습니다.

◉ 이러한 피탄원인의 어려운 사정을 참작하시어 법
의 최대한 관용과 선처를 구하고자 이렇게 실날같은
형제간의 정의로 이 탄원서를 올리오니 한 번만 용
서하여 주시기 바랍니다.

2000. ○. ○
위 탄원인 변○○ 올림

○○ 경찰서님 귀중

탄 원 서

- 사　　　건 :　　　　　　　　(사건번호 :　　　　　)
- 수　　　신 :

- 고 소 인 :
- 피의자(피탄원인) :
- 탄 원 인 성 명 :
　　　　　　　주　　소 :　　　　(연락처 :　　　　　)

■ 제　　목 : 무면허운전으로 구속수사중인 피탄원인을 선처해 주시기 바랍니다.

◉ 피탄원인은 약 2개월 전 주거지인 ○○시○○동○○번지에서 오토바이를 무면허 음주운전하다 단속되어 현재 ○○구치소에 수감중인 자이고, 탄원인은 피탄원인의 형으로 현재 ○○에서 ○○업을 하며 가족과 단란하게 살아가고 있습니다.

◉ 그런데 뜻하지 않게 남동생이 무면허음주운전을 하다 구속이 되었다는 소식을 듣고 지금까지 고향에 홀로 계시는 어머님의 뒷수발을 남은 형제들이 어렵게 봉양을 해오고 있습니다.

◉ 피탄원인은 어려서부터 다리를 절어 약 20여년째 오른 쪽 다리에 보조기를 끼워 생활하면서 보행에 불편을 느껴 소형 오토바이를 직접 운전하여 들에 나가 농사를 짓고 있을 뿐만 아니라 81세 된 노모 한 분을 모시고 성실하게 살아가고 있습니다.

◉ 그렇게 농촌을 지켜가다 사고가 난 그날 이웃 동네 논에서 일을 마치고 막걸리 몇 잔을 마신 뒤 위 오토바이를 혼자 운전하여 귀가하다 그만 도록 옆에 쳐박혀 있는 것을 지나가는 자동차 운전자가 발견하고 경찰에 신고를 하였다는데 피탄원인은 그전 무면허운전을 한 집행유예기간이 발각되어 그만 구속이 되었답니다.

◉ 피탄원인은 사골에서 효자소리를 듣는 성실한 자로서 여지껏 고향을 지키며 동네에서는 칭찬이 자자한 그야말로 순박한 남동생입니다.

◉ 피탄원인이 무면허운전을 한 행위는 당연히 처벌을 받아야 한다고 탄원인도 그렇게 생각하고 있습니다. 그러나 불행 중 다행스럽게도 피해자가 없는 사고였음을 감안해주시고 하루속히 피탄원인이 석방되어 사랑하는 고향 어머니 품으로 돌려 보내주시면 더 바랄 것이 없겠습니다.

◉ 끝으로 피탄원인이 조기 석방되기를 간곡히 기도드리며 귀 법원의 무궁한 발전을 기원하겠습니다.

2000. 0. 0
위 탄원인 장 ○ ○ (인)

○○ 지방법원 귀중

탄 원 서

- 사　　건 :　　　　　　　　　（사건번호 :　　　　）
- 수　　신 :

- 고 소 인 :
- 피의자(피탄원인) :
- 탄 원 인 성 명 :
　　　　　주　소 :　　　　　（연락처 :　　　　）

■ 제　　목 : 음주교통사건으로 재판계류중인 피탄원인을 선처해 주시기 바랍니다.

◉ 탄원인은 교통사고 피해자로서 피탄원인과는 아무런 관계가 없습니다.

◉ 피탄원인은 자신의 승용차를 운전하여 당시 신호대기중이던 탄원인의 차량을 추돌하여 탄원인에게 경미한 인적·물적 피해를 입게 하였습니다.

◉ 탄원인은 사고당일 회사의 영업실적을 올리기 위하여 열심히 운전에 임하고 있었는데 추돌사고를 당하고보니 화가 치밀어 항의하는 과정에서 술냄새가 나 술마시고 운전을 하면 되느냐고 소리치면서 피탄원인을 고발하게 되었던 것입니다.

◉ 그런데 나중에 자세히 알고 보니 피탄원인은 ○○은행 청원경찰로 근무를 해 오면서 부인의 도박중독으로 이혼을 한 뒤 그때부터 현재 중2, 중1의 딸 자식을 키워오면서 어렵게 살아가고 있다는 사실을 알게 되었습니다.

◉ 그리고 사고 후 피탄원인은 탄원인을 찾아와 백배 사죄하면서 치료비 일체와 합의금 100만원을 주어서 받고 합의를 해주어 그것으로 끝이 난 줄 알았는데 피탄원인은 그 일이 아직 끝나지 않고 법의 심판을 기다리고 있다는 소식을 듣게 되었습니다.

◉ 피탄원인의 노모가 장애자로 노환에 시달리고 있다는 사실도 이번에 알았습니다. 그리고 합의금 마저 피탄원인의 동생인 ○○○가 부담한 사실도 알게 되었습니다. 이러한 피탄원인의 가정사가 비단 그네들 뿐만이 아니라 탄원인 역시 어려운 여건 속에서 언제나 위험이 도사리고 있는 운전을 하고 있는 점을 감안하면 지금에 와서 생각을 하니 그때 왜 고발을 했을까라고 후회스러운게 솔직한 탄원인의 심정입니다.

◉ 탄원인은 위 추돌사고로 인하여 당시 3일간 병원에 입원해있다가 퇴원을 한 후 본래의 업무에 복귀하여 현재 정상적으로 근무하고 있습니다.

◉ 부디 탄원인은 피탄원인을 최대한 선처해 주실 것을 간곡히 원하오며 귀 법원의 무궁한 발전을 기원하겠습니다.

2000. ○. ○

위 탄원인 김 ○ ○ (인)

○○ 지방법원 귀중

탄 원 서

- 사 건 :　　　　　　　　　（사건번호 :　　　　）
- 수 신 :

- 고 소 인 :
- 피의자(피탄원인) :
- 탄 원 인 성 명 :
　　　　　　주 소 :　　　　　（연락처 :　　　　）

■ 제 목 : 강도죄로 구속수사중인 피탄원인을 선처해 주시기 바랍니다.

◉ 탄원인은 피탄원인의 누나입니다. 피탄원인은 약 1년 전부터 ○○시 ○○동 소재 '○○자동차공업사'를 경영하다가 2○○○.○.○. 교통사고건 보험사기죄로 구속이 되어 출소와 동시 또다시 긴급체포되어 현재 ○○경찰서 유치장에 수감되어 있습니다.

◉ 피탄원인이 금번 왜 긴급체포가 되었는지 탄원인은 자초지종을 알아본 결과 ○○○라는 사람이 피탄원인을 상대로 ○○○의 차량수리비를 과다하게 청구하여 그 대금을 지불하지 않았다는 이유로 차량을 뺏어갔다고 강도죄로 고소장을 제출하여 긴급체포가 되었답니다.

◉ 피탄원인을 고소한 ○○○라는 사람은 피탄원인의 정비공장에서 직원으로 약 2-3개월정도 종사하다가 피탄원인이 구속이 되자 그 사이 피탄원인의 처와 눈이 맞아 바람이 났다는 소문이 교도소에 수감이 되어 있는 피탄원인의 귀에까지 들어가 위 ○○를 정비공장에서 쫓아내라고 함으로서 그때부터 악감정을 품은 모양입니다.

◉ 그래서 위 ○○○는 피탄원인을 모함하기 위하여 당시 고객이었던 ○○○의 처가 교통사고를 내어 그 차량을 피탄원인이 수리한 적이 있는데 가격을 많이 요구한 것을 ○○○이 알고 수리비 500만원을 피탄원인이 요구하자 갚지 못하여 대신 승합차를 팔아서 주겠다고 보관을 받아두었는데 그 차에 압류가 많아 차량을 처분해도 그 수리비에 미치지 못하여 피탄원인은 ○○○에게 독촉만 하고 있었답니다.

◉ 그렇게 자꾸만 시일을 끌어오다 하루는 대카를 해서라도 빠른 시일내에 돈을 갚겠다 라고 함으로 피탄원인이 차량을 인도받았던 것을 ○○○이가 있는 자리에서 대카업자를 불러 진짜 대카를 하는 양 ○○○의 인감도장을 건너받았는데 이것을 마치 피탄원인이 인감도장을 뺏었다고 그렇게 고소를 함으로서 피탄원인이 현재 강도죄를 저지른 것으로 긴급체포가 되어 있답니다.

◉ 피탄원인을 현재 긴급체포케 한 ○○○와 하등의 관계도 없는 ○○○의 일을 가지고 ○○○이가 고소를 하던지 해야 함에도 불구하고 ○○○이 고소를 한 이유가 무엇인지 탄원인으로서는 너무도 궁금합

니다.

◉ 끝으로 피탄원인의 처와 ○○○간에 서로 불미스
러운 관계를 유지하면서 그들은 피탄원인이 석방되
는 것을 원하지 않고 있는 실정에서 피탄원인을 고
소한 ○○○의 진술만을 과연 믿을 수 있겠습니까?

◉ 부디 철저한 수사를 하셔서 피탄원인이 억울하게
구속되는 일이 없도록 하여 주시기 부탁드리겠습니
다.

2○○○. ○. ○
위 탄원인 강 ○ ○ (인)

○○ 지방검찰청 귀중

탄 원 서

- 사　　건 :　　　　　　　　(사건번호 :　　　)
- 수　　신 :

- 고 소 인 :
- 피의자(피탄원인) :
- 탄 원 인 성 명 :
　　　　　주　　소 :　　　　　(연락처 :　　　)

■ 제　　목 : ○○○으로 구속수사중인 피탄원인을
선처해 주시기 바랍니다.

◉ 탄원인은 ○○시 ○○동에서 생활하고 있는 피탄
원인의 부인이며 피탄원인은 아이의 어버지이며 한
가정을 책임지고 있는 가장이기도 합니다.

◉ 피탄원인은 평소 가정에서 아이들과 잘 놀아주고
가장으로서의 책임을 다하는 따뜻한 아버지입니다.

◉ 피탄원인이 한 가정의 가장으로서 현재 가정을
책임질 수 없게 되어 탄원인의 가정은 무척 힘든 상
황입니다. 그리고 또 모든 생활에 막대한 지장을 초
래하고 있습니다.

◉ 경제적으로나 아이들의 정서적인 면에서 무척 큰 영향을 주고 있는 현실에서 두 아이의 아버지이자 한 가정의 가장인 피탄원인은 많은 반성과 눈물로 호소한 바 있습니다. 죄를 뉘우치며 아이들을 걱정하고 있는 자세도 보였습니다.

◉ 하루라도 빠른 시일 내에 가정으로 돌아와 아이들이 아버지의 품에 안겼으면 합니다. 부인인 저도 가장인 ○○○씨가 돌아와 안정된 가장이 되었으면 하는 마음으로 간곡히 부탁드립니다.

2○○○. ○. ○
위 탄원인 ○ ○ ○ (인)

○○ 지방검찰청 귀중

업무상횡령

탄 원 서

• 사　　건 :　　　　　　　　(사건번호 :　　　)
• 수　　신 :

• 고 소 인 :
• 피의자(피탄원인) :
• 탄 원 인 성 명 :
　　　　　주　소 :　　　　　　(연락처 :　　　)

■ 제　　목 : 업무상횡령으로 구속수사중인 피탄원인을 선처해 주시기 바랍니다.

◉ 탄원인은 ○○시 ○○시장에서 ○○식당을 경영하고 있는데 탄원인의 남편과 절친한 사이인 피탄원인 ○○○이 2000. ○○경 탄원인에게 찾아와 '형수님, 제가 보험일을 시작했는데 도와주세요'라고 부탁하여 액수가 상당한 적금 하나를 들었는데 ○개월 후 탄원인이 자금융통을 하기 위해 ○○보험회사에 찾아가 약관대출신청을 했더니 현재 보험료가 ○개월 미납으로 해지 되었다고 하여 탄원인은 가까운 사이에 있는 사람에게 배신을 당했다는 생각에 너무나 분한 나머지 피탄원인을 ○○경찰서에 고소하여 피탄원인은 현재 구속이 되어 재판 중에 있습니다.

◉ 구속 후 피탄원인은 그의 처를 보내 탄원인에게 깊이 사죄하고 그동안의 자신에게 일어났던 불행을 말했습니다. 원래 자존심이 강했던 피탄원인은 평소 자신의 처를 남에게 알리지 않았는데 그의 처가 울면서 피탄원인도 깊이 뉘우치고 있으며 전에 피탄원인이 운영했던 치킨집이 불황으로 문을 닫게 되어 그 동안 궁핍한 생활과 그로 인해 가정불화도 있었다고 했습니다. 또 피탄원인의 처는 그의 남편이 가로챈 보험료 ○○○○원을 피탄원인과 힘을 모아 ○회에 분할하여 꼭 상환할테니 선처해 달라고 하였습니다.

◉ 피탄원인이 그동안 구금생활을 통하여 깊이 반성하고 있고, 저 또한 전후사정을 알아보지 않고 고소부터 한 잘못이 있습니다. 피탄원인이 석방된다면 탄원인도 피탄원인에게 기회를 주어 다시 한 번 가정을 일으켜 세울 기회를 주고 싶습니다.

◉ 피탄원인이 하루 빨리 석방되어 예전처럼 밝게 살아가길 바라오며 재판장님의 선처를 바랍니다.

2000. ○. ○
위 탄원인 ○ ○ ○ (인)

○○ 지방검찰청 귀중

강제추행

탄 원 서

- 사 건 :　　　　　　　　(사건번호 :　　　)
- 수 신 :

- 고 소 인 :
- 피의자(피탄원인) :
- 탄 원 인 성 명 :
　　　주 소 :　　　　　　　(연락처 :　　　)

■ 제　　목 : 강제추행 중 상해사건으로 구속수사중인 피탄원인을 선처해 주시기 바랍니다.

◉ 탄원인과 피탄원인은 친구의 소개로 몇 번 만나 서로 사귀면서 가까워진 사이로 서로 나이도 결혼할 만큼 되어 만나서인지 진지한 만남을 가지게 되었습니다.

◉ 그러나 차츰 가까워지면서 피탄원인은 탄원인을 소유하여 하였고 그 강도가 점점 강해져 20○○○.○.○. ○○:○○경에는 저녁식사 후 드라이브를 갔다가 탄원인의 의사와 무관하게 강제로 추행하려 하여 이를 저지하는 과정에서 탄원인에게 상해를 입게 하였습니다.

◉ 탄원인은 그 후론 대인기피증이 생길 정도로 심한 정신적 충격을 받아 피탄원인을 경찰서에 고소하게 된 것입니다.

◉ 피탄원인은 재판 중 탄원인에게 진심으로 사과하였으며 피탄원인의 연로하신 부모님까지도 탄원인에게 울면서 사죄하였습니다.

◉ 여자로서 힘든 일이지만 피탄원인의 부모님을 보면서 저는 피탄원인을 용서하기로 마음먹었습니다.

◉ 그동안의 구금생활을 통하여 피탄원인은 자신의 잘못을 뉘우쳤으리라 생각하며 피탄원인이 석방되어 노쇠하신 부모님 곁으로 돌아가 부모님을 편히 모실 수 있도록 존경하는 재판장님의 선처를 바랍니다.

2000. ○. ○
위 탄원인 ○ ○ ○ (인)

○○ 지방법원 형사○단독 귀중

탄 원 서

- 사　　건 :　　　　　　　　(사건번호 :　　　)
- 수　　신 :

- 고 소 인 :
- 피의자(피탄원인) :
- 탄 원 인 성 명 :
　　　　　　주　소 :　　　　　(연락처 :　　　)

■ 제　　목 : 상해사건으로 수사중인 피탄원인을 선처해 주시기 바랍니다.

◉ 탄원인은 피탄원인의 어머니입니다. 피탄원인인 제 아들은 현재 ○○대학교 1학년에 재학중이며 피해자인 ○○○과 안면이 있는 사이로 사소한 시비 끝에 피해자 ○○○를 상해하여 피해자가 고소하는 바람에 지금 구속되어 있습니다.

◉ 2000. ○○.○○. ○○:○○경 피탄원인은 친구들과 어울려 술을 마시다가 친구의 친구인 피해자 ○○○이 피탄원인의 말에 사사건건 토를 달면서 시비를 걸어와 술자리에서 친구들의 만류에도 불구하고 피탄원인은 피해자 ○○○을 주먹으로 두 번 때렸는데 입 안에 피멍이 드는 등 전치 2주의 상해를

가하여 탄원인이 피해자의 부모를 찾아가 합의를 하
자고 했더니 애를 어떻게 이 모양으로 만들어 놓고
합의라는 말이 나오느냐며 법대로 하겠다고 제 아들
을 고소하여 현재 구속수감중입니다.

◉ 자식을 아끼고 사랑하는 마음은 모두 이해가 가
지만 탄원인이 그토록 애원을 했지만 피해자의 부모
는 들은 척도 하지 않습니다.

◉ 탄원인의 자식이 아직 성숙하지 못해 이성보다는
감정이 앞서 위와 같은 잘못을 저질렀습니다만, 피
해자 ○○○에게도 잘못이 없는 것만도 아닙니다.

◉ 위와 같은 점을 참작하시어 이 사건이 원만히
해결되어 아들이 하루빨리 학교로 돌아가 학업을 마
칠 수 있도록 도와주시길 바랍니다.

2○○○. ○. ○
위 탄원인 ○ ○ ○ (인)

○○ 지방법원 형사 ○단독 귀중

도박

탄 원 서

• 사   건 :   (사건번호 :   )
• 수   신 :

• 고 소 인 :
• 피의자(피탄원인) :
• 탄 원 인 성 명 :
          주   소 :   (연락처 :   )

■ 제   목 : 상습도박으로 구속수사중인 피탄원인을
선처해 주시기 바랍니다.

◉ 탄원인은 피탄원인의 처로서 슬하에 자녀 ○○과
○○을 두고 단란한 가정을 꾸려가고 있습니다.

◉ 그런데 얼마 전 남편이 도박사건에 연루되어 현
재 ○○구치소에 수감 중입니다. 제 남편은 여태까
지 도박이라곤 손을 대지 않는 성실한 가장입니다.
이번 일도 친구들과 어울려 혼자 사는 ○○○이라는
친구의 집에서 술 한잔 마시고 그곳에서 판이 벌어
져 어쩔 수 없이 어울려 화투를 치다가 세들어 사는
피탄원인의 친구 ○○○이 상습적으로 사람들을 데
리고 와 술을 마시고 도박을 일상는데 분개하여 집

주인 ○○○이 그날 밤 경찰서에 도박판이 벌어졌다
고 제보하여 상습도박의 혐의로 구속된 것입니다.

◉ 피탄원인은 평소 술도 잘 마시지 않고 도박 같은
것은 일절 하지 않는 모범적인 가장입니다. 피탄원
인의 성실성은 가정 뿐만 아니라 주위 사람들도 다
알고 있습니다.

◉ 이런 피탄원인이 어쩌다 만난 친구들과 어울려
재미삼아 낀 도박에 연루되어 불미스러운 일이 난
것입니다.

◉ 피탄원인의 평소 생활상을 참작하시어 피탄원인
을 법이 허용하는 범위내에서 최대한의 관용을 베풀
어주시어 하루속히 사랑하는 가족들의 품으로 돌아
올 수 있기를 부탁드립니다.

2○○○. ○. ○
위 탄원인 ○ ○ ○ (인)

○○ 지방법원 형사 ○단독 귀중

탄 원 서

- 사   건 :   (사건번호 :   )
- 수   신 :

- 고 소 인 :
- 피의자(피탄원인) :
- 탄 원 인 성 명 :
        주   소 :   (연락처 :   )

■ 제   목 : 업무상횡령죄로 구속수사중인 피탄원인
을 선처해 주시기 바랍니다.

◉ 탄원인은 ○○주식회사의 대표이사이고 피탄원인
은 탄원인 회사의 경리직원입니다. 탄원인의 회사는
그 규모가 그리 크지 않은 관계로 자금관리는 피탄
원인이 도맡아 관리하고 있습니다.

◉ 피탄원인의 근무태도는 성실하고 나무랄 데가 없
을 정도로 회사 일에 열심이었습니다. 그런 피탄원
인이 회사자금을 횡령한 사실을 알게 된 순간 탄원
인은 배신감에 피탄원인을 고소한 것입니다.

◉ 피탄원인은 가난한 집안의 맏딸로 병든 어머니의
약값과 동생들의 학비 때문에 정당한 일은 아니지만

그런 실수를 저지른 것입니다.

◉ 피탄원인은 탄원인에게 자기가 풀려나기만 한다
면 사회에 복귀하여 자신이 횡령한 돈을 꼭 갚겠다
고 울면서 사죄하였습니다.

◉ 탄원인도 피탄원인이 선처로 풀려난다면 다시 한
번 탄원인의 회사에서 일 할 수 있도록 기회를 줄
것입니다.

◉ 피탄원인이 하루속히 가족에게 돌아가 병든 어머
니와 어린 동생들을 돌볼 수 있도록 선처해 주시기
바랍니다.

2000. 0. 0
위 탄원인 ○ ○ ○ (인)

○○ 지방법원 형사 ○단독 귀중

탄　원　서

- 사　　건 :　　　　　　　　（사건번호 :　　　）
- 수　　신 :

- 고 소 인 :
- 피의자(피탄원인) :
- 탄 원 인 성 명 :
　　　　　　주　소 :　　　　　（연락처 :　　　）

■ 제　　목 : 장물취득사건으로 구속수사중인 피탄원
인을 선처해 주시기 바랍니다.

◉ 탄원인은 ○○시 ○○구 ○○동 ○○번지에서 수
입오토바이 대리점을 경영하고 있으며 피탄원인과
거래관계로 조금 안면이 있습니다.

◉ 탄원인이 2○○○.○.○. ○○:○○경 출근하여
가게 문을 열려고 하는 순간 셔터에 달린 열쇠가 풀
린 것을 발견하였습니다. 셔터를 열고 가게 내부를
살펴보니 신형 ○○오토바이 1대가 없어진 것을 발
견하고 경찰에 신고하였습니다.

◉ 그리고 며칠 후 탄원인은 수금관계로 피탄원인의
오토바이 상사에 들렀는데 탄원인이 도난당한 오토

바이가 그곳에 있었습니다.

◉ 탄원인은 바로 관할경찰서에 신고하여 피탄원인은 현재 ○○경찰서에서 수사를 받고 있습니다.

◉ 피탄원인은 탄원인에게 오토바이를 절대 훔치지 않았으며 그 오토바이는 처음 보는 사람들로부터 안전 때문에 식구들이 반대하여 1번만 탔다고 하면서 오토바이를 싸게 넘길테니 사라고 하여 피탄원인이 이에 의심하지 않고 속은 죄밖에 없으니 제발 믿어 달라고 하였습니다.

◉ 그리고 그 오토바이는 탄원인과 피탄원인이 피차 조금씩 손해를 보기로 합의가 되었습니다.

◉ 피탄원인에게 선처를 하시어 피탄원인이 무고하게 경찰서를 드나드는 일이 없도록 바라옵니다.

2○○○. ○. ○

위 탄원인 ○ ○ ○ (인)

○○ 경찰서 귀중

범인도피

탄 원 서

- 사   건 :   (사건번호 :   )
- 수   신 :

- 고 소 인 :
- 피의자(피탄원인) :
- 탄 원 인 성 명 :
           주 소 :   (연락처 :   )

■ 제   목 : 범인도피로 구속수사중인 피탄원인을 선처해 주시기 바랍니다.

◉ 탄원인은 피탄원인 형 되는 사람입니다.

◉ 평소 피탄원인은 인정이 많고 정에 약합니다. 그래서 남들에게 속을 때가 많고 또 불이익을 당할 때가 많았습니다. 이런 제 동생이 이번에도 인정에 못 이겨 2〇〇〇.〇.〇.경 별로 친하지도 않은 동네 친구인 〇〇〇이 찾아와 '내가 지금 빚 때문에 사채업자에게 쫓기고 있으니 내가 당분간 있을 곳을 좀 찾아서 데려다 줘'라고 하자 동생은 아무 말 없이 자신의 일은 제쳐놓은 채 친구의 청을 들어주게 되었던 것입니다.

◉ 나중에 알고 보니 동생의 친구 ○○○은 폭행죄
를 저지르고 도망 중에 있었으며 제 동생이 인정에
약하다는 것을 알고 찾아온 것입니다.

◉ 현재 재판 중에 있는 피탄원인의 무지에서 나온
행동을 불쌍히 여기시어 피탄원인이게 착하게 살 수
있는 기회를 주시길 간곡히 부탁드립니다.

2○○○. ○. ○

위 탄원인 ○ ○ ○ (인)

○○ 지방법원 귀중

탄 원 서

- 사　　건 :　　　　　　　　(사건번호 :　　　)
- 수　　신 :

- 고 소 인 :
- 피의자(피탄원인) :
- 탄 원 인 성 명 :
　　　　주　소 :　　　　　　(연락처 :　　　)

■ 제　　목 : 방화죄로 구속수사중인 피탄원인을 선처해 주시기 바랍니다.

◉ 탄원인은 피탄원인의 여동생으로서 피탄원인 관련 방화혐의에 관하여 억울함을 호소하고자 합니다.

◉ 피탄원인은 2000.0.0.　00:00경에 혼자 살고 있는 친구인 000의 집에 2000.00.경 빌려준 돈을 받으려고 찾아가 함께 술을 마시다가 말다툼을 심하게 하여 친구인 000은 피탄원인에게 큰 소리로 욕을 하며 나가버렸고 피탄원인 혼자 남아서 마시던 술을 마저 마시고 담배를 한 대 피우고 그 집에서 나왔습니다.

◉ 그런데 피탄원인이 그 집에서 나온지 얼마 되지 않은 시간에 피탄원인 친구의 원룸에서 불이나 조금 전 친구끼리 싸운 소리를 다 듣고 있던 집주인 ○○○이 경찰서에 신고를 하여 제 오빠는 방화혐의로 수사를 받고 있습니다.

◉ 오빠의 친구와 하숙집 주인은 방화라고 주장하지만 제 오빠는 아무리 친구와 격하게 싸웠다고 해도 자신은 그런 짓을 할 사람이 아니니 믿으라고 하였습니다.

◉ 탄원인이 평소 알고 있는 오빠는 절대 남에게 해악을 끼치거나 그런 사람은 아니므로 제 오빠의 결백을 주장합니다.

◉ 이 점을 참작하여 수사하시어 부디 피탄원인의 결백을 인정해 주시길 간곡히 부탁드립니다.

2○○○. ○. ○

위 탄원인 ○ ○ ○ (인)

○○ 경찰서 귀중

탄 원 서

• 사　　　건 :　　　　　　　　　（사건번호 :　　　）
• 수　　　신 :

• 고 소 인 :
• 피의자(피탄원인) :
• 탄 원 인 성 명 :
　　　　　주　　소 :　　　　　　（연락처 :　　　）

■ 제　　　목 : 교통방해관련 사건으로 수사중인 피탄원인을 선처해 주시기 바랍니다.

◉ 탄원인은 ○○시 ○○구 ○○동에 거주하고 피탄원인은 같은 동에서 오토바이 상사를 경영하고 있습니다.

◉ 피탄원인이 오토바이 상사를 경영하는 관계로 그 물건의 진열을 위해 인도까지 침범하여 사람들의 통행이 잦은 출퇴근시간에는 매우 비좁고 혼잡합니다.

◉ 탄원인도 출퇴근길에 꼭 그곳을 지나기 때문에 불편이 이만 저만이 아니었습니다. 그래서 이런 불편을 덜기 위해 탄원인에게 말했으나 대답만 알았다

고 할 뿐 개선의 여지가 없어 탄원인이 피탄원인을
고발하게 되어 현재 수사중에 있습니다.

◉ 그런데 나중에 자세히 알고 보니 피탄원인의 가
게 내부가 너무 좁아 어떻게 시정할 수가 없었습니
다. 탄원인이 피탄원인을 만나봤더니 예전부터 이런
문제 때문에 업종을 바꿀 생각이었는데 이런 불미스
러운 일이 일어나서 미안하다며 앞으론 행인들의 교
통을 방해하지 않겠다고 사정하였습니다.

◉ 그래서 저도 피탄원인을 믿어보기로 마음먹었습
니다.

◉ 그러니 바라건데 피탄원인을 선처하여 주시기 바
랍니다.

2000. ○. ○

위 탄원인 ○ ○ ○ (인)

○○ 경찰서 귀중

차용금사기

탄 원 서

- 사　　건 :　　　　　　　　（사건번호 :　　　　）
- 수　　신 :

- 고 소 인 :
- 피의자(피탄원인) :
- 탄 원 인 성 명 :
　　　　　주　　소 :　　　　　（연락처 :　　　　）

■ 제　　목 : 사기죄로 구속수사중인 피탄원인을 선처해 주시기 바랍니다.

◉ 탄원인은 ○○시 ○○구 ○○동에서 ○○식당을 하고 있으며 피탄원인은 탄원인 남편의 친구입니다.

◉ 2000.○.○. 탄원인의 남편이 피탄원인이 급한 집안일로 ○○만원을 빌려달라고 애원하면서 전화가 왔다하여 얼굴도 한 번도 본적이 없는 피탄원인에게 제 처만 믿고 ○○만원을 내놓은 것입니다.

◉ 하지만 1주일만 쓰고 돌려주겠다는 당초 약속과는 달리 1년이 지난 기간까지 연락은 없고 피탄원인이 기거하는 ○○시 ○○구 ○○동에 탄원인의 남편이 찾아갔는데 헛걸음만 하고 피탄원인을 만나지 못

하였고, 탄원인이 몇 차례 전화를 했는데도 통화가
되지 않자 탄원인도 남편의 친구인 관계로 참으려
하였으나 지금 경영하고 있는 식당의 부진으로 돈
한 푼이 아쉬운 실정이므로 피탄원인을 관할 경찰서
에 고소하여 현재 피탄원인은 ○○구치소에 수감 중
입니다.

◉ 피탄원인은 지금 무일푼으로 아내와도 이혼절차
중에 있으며 게다가 여동생의 집에서 얹혀살고 있는
참으로 딱한 사정입니다.

◉ 피탄원인이 울면서 사죄하고, 또 앞으로 자신이
일하여 번 돈의 일부를 다달이 갚는 식으로 빌려간
돈 ○○○만원을 차차 갚겠다고 약속하였습니다.

◉ 재판장님 피탄원인을 선처하시어 어린 두 자녀에
게 하루속히 돌아가 안정을 되찾을 수 있도록 해 주
십시오

2○○○. ○. ○

위 탄원인 ○ ○ ○ (인)

○○ 지방법원 형사 ○단독 귀중

음주운전

탄 원 서

• 사　　건 :　　　　　　　　(사건번호 :　　　)
• 수　　신 :

• 고 소 인 :
• 피의자(피탄원인) :
• 탄 원 인 성 명 :
　　　　　　주　소 :　　　　　(연락처 :　　　)

■ 제　　목 : 음주운전으로 구속된 피탄원인을 선처해 주시기 바랍니다.

◉ 탄원인과 피탄원인은 같은 회사 동료입니다.

◉ 피탄원인은 2○○○.○.○ 탄원인과 바쁜 회사 업무 때문에 20:00까지 야근을 하고 퇴근하였습니다.

◉ 그런데 피탄원인은 20:30 경 ○○시 ○○구 ○○로에서 자신의 차를 몰다 경찰의 음주단속에 적발돼 측정결과 혈중알콜농도가 0.129%로 나타나 불구속 기소되었습니다.

◉ 그날 피탄원인은 술을 마신 적이 없으며 또 술을

마시면 아예 운전할 생각은 하지도 않습니다.

◉ 이런 불미스러운 일의 시작은 탄원인이 생각하기에는 파탄원인이 평소 즐겨 사용하는 구강청결제 때문이 아닌가 의심이 갑니다.

◉ 그렇지 않고서는 경찰의 음주측정수치 이외에는 피탄원인의 음주사실을 입증할 증거도 없으며 20:00까지 하루 종일 사무실에서 바쁜 업무로 일만 했을 뿐이며 적발 시간이 20:30이라는 것은 회사에서 ○○까지의 운전시간이 보통 30 ~ 40분 걸리는 평소 운전시간과도 비슷하기 때문에 그 사이 피탄원인이 술을 마셨을리 만무하며 피탄원인 역시 자신의 결백과 억울함을 호소하고 있습니다.

◉ 탄원인과 피탄원인이 근무하는 회사는 지문인식 출퇴근기록기를 설치하여 탄원인의 퇴근시간을 확인하실 수 있을 것입니다.

◉ 이번 사건을 다시 한 번 검토, 조사하시어 무고한 피탄원인에게 불이익이 가는 일이 없도록 해주시기바랍니다.

2000. 0. 0

위 탄원인 ○ ○ ○ (인)

○○ 지방법원 형사 ○단독 귀중

탄 원 서

- 사   건 :   (사건번호 :   )
- 수   신 :

- 고 소 인 :
- 피의자(피탄원인) :
- 탄 원 인 성 명 :
          주 소 :   (연락처 :   )

■ 제   목 : 무고죄로 구속 수사중인 피탄원인의 선 처를 바랍니다.

◉ 탄원인은 ○○신문의 편집국장이고, 피탄원인은 본 신문의 사회부 기자로 2○○○.○.○. 상해치사사 건 관련기사를 사건에 충실하여 진실그대로 기재하 였음에도 불구하고 기사와 관련된 사건의 ○○○이 그 기사는 사건의 ○○○을 형사처분을 받게 할 목 적으로 허위로 기재하였다고 피탄원인을 무고로 고 소하였습니다.

◉ 피탄원인은 항상 국민의 알권리를 충족시켜주기 위해 진실에 부합되는 사실만을 기사화하는 모범적 인 기자이며 기자상도 받은 적이 있는 성실한 언론 인입니다.

◉ 이런 피탄원인이 무고혐의로 고소를 당하여 재판 중이라니 참으로 믿어지지 않고 이해가 가지 않습니다.

◉ 부디 진실을 밝히시어 죄 없는 피탄원인을 하루 속히 석방하여 주십시오.

2000. 0. 0

위 탄원인 ○ ○ ○ (인)

○○ 지방검찰청 공안 ○부 귀중

업무상비밀누설

탄 원 서

• 사　　　건 :　　　　　　　　　　（사건번호 :　　　）
• 수　　　신 :

• 고 소 인 :
• 피의자(피탄원인) :
• 탄 원 인 성 명 :
　　　　주　　　소 :　　　　　　　　（연락처 :　　　）

■ 제　　　목 : 업무상비밀누설의 죄로 구속 수사중인
피탄원인의 선처를 바랍니다.

◉ 탄원인은 피탄원인과 대학동창생으로 지금까지
친하게 지내고 있으며, 피탄원인은 ○○시 ○○구
○○동에서 산부인과 의원을 하고 있습니다.

◉ 그런 관계로 탄원인은 2○○○.○.○. 왼쪽 아랫
배의 통증이 너무 심해 탄원인의 어머니에게 통증을
호소하였더니 피탄원인의 병원에 데려가 치료를 하
였습니다.

◉ 그런데 그로부터 1주일 쯤 후에 탄원인의 어머니
가 동창모임에 다녀오신 다음에 화가 나셔서 다짜고
짜 피탄원인과 친구인연을 끊으라고 하였습니다.

◉ 탄원인이 물어보니 피탄원인이 2000.○.○.탄원인이 치료를 받으러 갔던 일과 또 시집도 안 간 처녀가 얼마나 성생활이 문란했으면 치료받으러 왔겠느냐며 피탄원인의 어머니의 친구들에게 말했다는 것입니다. 이에 탄원인은 너무나 어이없어 고소하게 되었던 것입니다.

◉ 그런데 지금 수사를 받고 있는 피탄원인에게 연락이 왔는데, 정말 미안하다며 뭔가 오해가 있는 것 같으니 오해부터 풀자면서 자초지종을 이야기했습니다.

◉ 피탄원인의 환자 중 한 명이 탄원인의 어머니 안부를 묻자 자주 연락하고 있으며 저번에 딸과 함께 병원에 한 번 들른 적이 있다고 말한 것이 이처럼 와전되었다는 것입니다.

◉ 피탄원인은 잘못이 없습니다. 그저 말을 전하는 과정에서 오해가 있었을 뿐이니 선처하시어 더 이상 피탄원인이 고통을 받는 일이 없도록 하여 주십시오.

2000. ○. ○

위 탄원인　○ ○ ○ (인)

○○ 경찰서 귀중

업무상과실

탄 원 서

- 사　　건 :　　　　　　　　(사건번호 :　　　)
- 수　　신 :

- 고 소 인 :
- 피의자(피탄원인) :
- 탄 원 인 성 명 :
　　　　　주　　소 :　　　　　　(연락처 :　　　)

■ 제　　목 : 업무상과실로 구속 수사중인 피탄원인
의 선처를 바랍니다.

◉ 피탄원인은 현재 ○○시 ○○동 '○○정형외과'의
원장이며, 탄원인은 2○○○.○.○에 피탄원인의 병
원에서 다리수술을 한 적이 있습니다.

◉ 탄원인은 그 후 별 탈 없이 생활하다가 2○○○.
○.○. 교통사고를 당하여 ○○시 ○○구 ○○동에
위치한 '○○정형외과'에 입원치료를 받게 되었는데
탄원인이 다친 곳은 팔부분인데 이상하게 다리가 아
프기 시작하였습니다. 평소 조금씩 다리가 아팠다가
괜찮고 그런 적이 많아 별 의심 없이 그 날도 그냥
지나쳐버렸는데 계속 통증은 더 심해져 탄원인이 참

기 힘들 정도가 되었습니다. 탄원인이 담당의사에게 통증을 호소하였더니 교통사고 당시 후유증 같다며 진찰해 보자고 하여 엑스레이 촬영 등 여러 가지 진찰을 받았더니 담당의사는 다리 속에 5cm 가량 되는 금속 물체가 있다며 수술을 하여 꺼내자고 하였습니다.

◉ 수술을 한 결과 담당의사 말대로 5cm 가량 되는 핀셋이 탄원인의 다리에서 녹이 슨 채로 발견된 것입니다.

◉ 탄원인은 다리 절개수술을 한 적 밖에 없어 피탄원인을 관할 경찰서에 고소하게 되어 지금 수사중에 있습니다.

◉ 수술을 한 후 벌써 5년이라는 세월동안 그런 물건이 제 다리 속에 있었다는 것이 얼마나 끔찍한 지 모릅니다. 하지만 피탄원인이 자신의 잘못을 진심으로 사과하고, 피해보상금을 탄원인에게 지급하기로 합의하였고, 탄원인도 이를 받아들이기로 하였습니다.

◉ 이에 탄원인은 경찰서장님께 피탄원인을 선처해 주실 것을 간곡히 부탁드립니다.

2000. ○. ○

위 탄원인 ○ ○ ○ (인)

○○ 경찰서 귀중

탄 원 서

- 사   건 :   (사건번호 :   )
- 수   신 :

- 고 소 인 :
- 피의자(피탄원인) :
- 탄 원 인 성 명 :
         주   소 :   (연락처 :   )

■ 제   목 : 부정수표단속위반으로 구속중인 피탄원인의 선처를 바랍니다.

◉ 탄원인은 피탄원인의 하청업체를 경영하는 자로서, 피탄원인이 2○○○.○.○. 발행한 가계수표가 부도처리되어 경영난을 겪게 되어 피탄원인을 고소하였습니다.

◉ 피탄원인은 ○○시 ○○구 ○○동 ○○에서 (주)○○산업을 운영해 오고 있으며 탄원인과 ○년째 거래 중입니다.

◉ 피탄원인은 그동안 순조롭게 사업을 영위해 오다가 타 거래처의 경영부실로 결제대금으로 받은 어음과 가계수표가 부도가 되면서 곤란을 겪고 있습니

다.

◉ 탄원인이 순간의 판단 실수로 지금까지 거래해오던 피탄원인을 고소하게 되었습니다만 피탄원인의 가계수표 부도는 고의적인 것이 아니고 피탄원인도 사죄하고 있으므로 중소기업을 구제한다는 생각에서 관대한 처분을 내리시어 피탄원인이 기업 활동에 전념하여 이 결제부분을 해결할 수 있도록 선처하여 주시기 바랍니다.

2○○○. ○. ○

위 탄원인 ○ ○ ○ (인)

○○ 지방법원 형사 ○ 단독 귀중

소매치기

탄　원　서

- 사　　　건 :　　　　　　　　（사건번호 :　　　　）
- 수　　　신 :

- 고 소 인 :
- 피의자(피탄원인) :
- 탄 원 인 성 명 :
　　　　　주　　소 :　　　　　　（연락처 :　　　　）

■ 제　　목 : 절도사건으로 구속중인 피탄원인을 선처해 주시기 바랍니다.

◉ 탄원인은 피해자 ○○○의 아버지입니다.

◉ 2○○○.○.○. ○○:○○경 피해자 ○○○이 가족들에게 받은 용돈으로 평소 사고 싶어 하던 책들을 사러 동네 서점으로 가는 길에 피탄원인 ○○○이 위에서 다가오더니 피해자를 밀쳐 넘어뜨리고 피해자의 지갑을 훔쳐 달아나는 것을 그 곳을 지나던 사건외　○○○이 붙잡았습니다.

◉ 피해자는 그 때의 충격으로 지금도 깜짝깜짝 놀라고 잘 때는 식은 땀을 흘리곤 합니다.

◉ 탄원인은 그런 자녀의 모습을 보고 너무 안쓰럽고 화가 나 피탄원인을 고소하여 현재 ○○경찰서에 수감 중입니다.

◉ 위와 같은 일을 저지른 피탄원인의 죄가 가벼운 것은 아닙니다만 그 후로 매일같이 저를 찾아와 사죄하며 눈물을 흘리는 피탄원인의 부모를 볼 때마다 탄원인도 자식을 키우는 입장에서 가슴 아프지 않을 수 없습니다. 그래서 피탄원인의 행동은 밉지만 피탄원인을 용서하기로 마음먹었습니다.

◉ 피탄원인을 선처하시어 피탄원인이 하루 속히 가정과 학교에 돌아가 열심히 살아갈 수 있도록 석방의 은전을 베풀어주시기 바랍니다.

2○○○. ○. ○

위 탄원인 ○ ○ ○ (인)

○○ 지방법원 형사 ○ 단독 귀중

탄 원 서

- 사　　　건 :　　　　　　　　　（사건번호 :　　　）
- 수　　　신 :

- 고 소 인 :
- 피의자(피탄원인) :
- 탄 원 인 성 명 :
　　　　　　주　　소 :　　　　　　（연락처 :　　　　）

■ 제　　　목 : 협박죄로 구속중인 피탄원인을 선처해 주시기 바랍니다.

◉ 탄원인은 ○○자동차에서 2000.○.○. 승용차 1대를 구입하였습니다. 탄원인의 경승용차가 아지 구입한지 1년이 채 지나지 않았는데도 작은 고장을 일으켜 그때마다 ○○자동차 애프터서비스 센터에 가서 수리를 받곤 했습니다.

◉ 2000.○.○. 탄원인의 차가 또 고장을 일으켜 애프터 서비스센터를 찾아갔더니 피탄원인이 짜증을 부려 탄원인이 차를 제대로 만들면 이런 일 없지 않 겠냐고 하자 피탄원인은 탄원인에게 폭언과 때릴 것 처럼 위협을 하였습니다.

◉ 탄원인은 피탄원인을 고소하여 지금 경찰서에 수사중입니다.

◉ 아직 구입한지 1년도 지나지 않은 차에 대해 고장이 잦다고 하여 폭언을 한 피탄원인의 소행은 소비자의 한 사람으로서 용서할 수 없지만 피탄원인의 회사 이사가 직접 찾아와 '담당자가 예의를 잃었습니다. 진심으로 사과드립니다'라고 하였고 피탄원인도 자신의 잘못을 진심으로 뉘우치고 있습니다.

◉ 이번 일로 피탄원인이 많은 것을 깨달았을 것입니다.

◉ 선처하시어 피탄원인이 소비자들에게 질 좋은 서비스를 제공할 수 있는 기회를 주시옵기 바랍니다.

2000. ○. ○

위 탄원인　○　○　○　(인)

○○ 경찰서 귀중

미성년약취

탄 원 서

- 사   　건 :　　　　　　　　（사건번호 :　　　）
- 수   　신 :

- 고 소 인 :
- 피의자(피탄원인) :
- 탄 원 인 성 명 :
　　　　　　　주   소 :　　　　　（연락처 :　　　　）

■ 제   　목 : 미성년 약취의 죄로 구속중인 피탄원인을 선처해 주시기 바랍니다.

◉ 탄원인은 24개월 된 남자아이 ○○○의 어머니입니다. 탄원인은 직장생활을 하는 관계로 친정어머니를 모시면서 아이를 맡기고 있습니다.

◉ 아이도 외할머니를 몹시 좋아해 탄원인은 아이에 대한 걱정 없이 직장생활을 할 수 있었는데 200○.○.○. 점심식사 후 친정어머니가 아이를 데리고 공원에 산책을 갔는데 피탄원인이 아이를 안아주겠다고 하면서 친절을 베풀었다고 합니다.

◉ 탄원인의 친정어머니가 괜찮다고 거절하자 잠시 후 피탄원인은 아이를 빼앗아 어디론지 달아나 버렸

다는 것입니다.

◉ 탄원인은 부랴부랴 경찰서에 신고를 하였는데 아이를 찾을 길이 막막했습니다.

◉ 그런데 아이를 잃어버린지 보름이 지난 후에 피탄원인이 아이를 무사히 데리고 왔습니다. 탄원인은 너무 갑작스럽고 소름까지 끼쳐 경찰서에 연락하여 피탄원인은 현재 ○○구치소에 수감중입니다.

◉ 나중에야 알고 보니 피탄원인은 결혼한 지 10년이 지났는데도 아이가 없었고 아이 때문에 많은 날들을 눈물로 보낸 사람입니다.

◉ 그런 그녀가 진심으로 뉘우치며 사죄하고 있고, 그토록 찾던 ○○○을 아무 탈 없이 건강하게 데리고 와 탄원인은 피탄원인을 같은 여자의 입장에서 이해하고 용서하기로 마음먹었습니다.

◉ 아이를 약취해 간 피탄원인의 죄는 결코 가볍지는 않지만 나중이라도 자신의 잘못을 뉘우치고 별 탈 없이 아이를 부모의 품으로 데리고 온 피탄원인을 선처하여 피탄원인이 하루속히 석방되어 건강한 삶을 살아갈 수 있도록 도와주십시오.

2○○○. ○. ○

위 탄원인 ○ ○ ○ (인)

○○ 지방법원 형사 ○단독 귀중

마약류관리에 관한 법률위반

탄 원 서

• 사   건 :   (사건번호 :   )
• 수   신 :

• 고 소 인 :
• 피의자(피탄원인) :
• 탄 원 인 성 명 :
       주 소 :   (연락처 :   )

■ 제   목 : 마약류 관리에 관한 법률 위반으로 구
속중인 피탄원인을 선처해 주시기 바랍니다.

◉ 탄원인은 피탄원인의 형 되는 사람입니다.

◉ 피탄원인이 구속되게 된 경위는 다음과 같습니
다.

◉ 피탄원인은 의류수입업체인 ○○무역의 직원으로
평균 한 달에 한 번 정도 외국에 출장을 가곤 합니
다.

◉ 그런데 2○○○.○.○. ○○국에서 출장을 마치고
돌아오다 김포공항에서 경찰의 검문에 마약류의 밀
매혐의로 적발되어 구속되었습니다.

◉ 탄원인이 알아본 바로는 피탄원원인이 출장에서 돌아오는 날 ○○국의 거래업체인 외국인 ○○○이 한국인 친구 ○○○에게 전해달라며 약병을 하나 주더라는 것입니다. 그래서 그것이 마약성이 강한 약품이라는 아무런 의심도 없이 받아서 가져왔다는 것입니다.

◉ 탄원인의 동생은 평소 성실하고 가정밖에 모르는 사람입니다. 가정의 생계를 책임지고 있는 피탄원인이 구속되어 저희 가족의 생계마저 위협을 받고 있으며 탄원인의 처와 자녀는 날마다 아빠가 오기를 기다리고 있습니다.

◉ 아무런 영문도 모르고 마약류를 소지하게 된 피탄원인을 선처하시어 석방하여 피탄원인이 더 열심히 살 수 있는 기회를 주시기 바랍니다.

2○○○. ○. ○

위 탄원인　○　○　○　(인)

○○ 지방법원 형사 ○단독 귀중

무허가 건축업

탄 원 서

- 사   건 :   (사건번호 :   )
- 수   신 :

- 고 소 인 :
- 피의자(피탄원인) :
- 탄 원 인 성 명 :
         주   소 :   (연락처 :   )

■ 제   목 : 건축법 위반을 한 피탄원인을 선처해 주시기 바랍니다.

◉ 탄원인은 피탄원인의 아내 되는 사람입니다.

◉ 피탄원인은 현재 건축법위반으로 구속되어 ○○ 구치소에 수감되어 있습니다.

◉ 탄원인은 피탄원인과 10년 전 결혼하여 슬하에 8살과 6살 된 딸과 함께 경제적으로는 어렵지만 나름대로 행복하게 살고 있습니다. 피탄원인은 정말 착한 남편입니다. 그런 남편이 거듭된 사업실패로 생계가 어렵게 되자 가족들을 먹여 살리기 위해 범법행위를 저지른 것 같습니다.

◉ 피탄원인은 진심으로 뉘우치고 있으며, 앞으로는 굶어죽을지언정 범법행위를 저지르지 않겠다고 굳게 다짐하고 있습니다. 저희 가족은 남편이 없으니 생계마저도 막막합니다.

◉ 피탄원인이 가족을 위하여 어쩔 수 없이 저지른 죄는 작지는 않지만 법이 허용하는 범위 내에서 피탄원인을 선처하시어 하루속히 피탄원인을 기다리는 가족의 품으로 돌려보내 주신다면 탄원인도 남편을 도와 열심히 살 것을 약속드리니 관용을 바랍니다.

2000. ○. ○

위 탄원인　○ ○ ○　(인)

○○ 지방법원 형사 ○단독 귀중

무전취식

탄 원 서

- 사　　건 :　　　　　　　　　　(사건번호 :　　　　)
- 수　　신 :

- 고 소 인 :
- 피의자(피탄원인) :
- 탄 원 인 성 명 :
　　　　　　주　　소 :　　　　　　　　(연락처 :　　　　)

■ 제　　목 : 무전취식의 죄로 수사중인 피탄원인을
선처해 주시기 바랍니다.

◉ 탄원인은 ○○시 ○○구 ○○동에서 '○○집'이라
는 식당을 경영하고 있습니다.

◉ 2000.○.○. ○○:○○경 피탄원인은 만취한
상태로 탄원인의 식당에 와서 술과 안주를 주문하였
습니다. 이에 탄원인은 많이 취했으니 그만 돌아가
라고 권유했으나 탄원인의 말에 벌컥 화를 내며 술
달라고 소리를 질러 하는 수 없이 주문한 술과 안주
를 가져다주었습니다.

◉ 피탄원인은 신세한탄을 하면서 시끄럽게 술을 마
셔 식당 내에 있던 손님들이 시끄럽다며 술자리를

빨리 마치고 하나 둘 가버렸습니다. 탄원인은 가뜩이나 장사도 되지 않는데 그 날 피탄원인 때문에 매상을 올리지도 못하여 속이 많이 상했습니다.

◉ 탄원인이 피탄원인에게 술도 다 떨어지고 안주도 다 됐으니 그만 계산하고 가라고 했더니 알았다고 하면서 화장실에 다녀와 계산하겠다고 하면서 옷을 챙겨 입고 출입문을 향하여 나가려 하였습니다.

◉ 탄원인이 피탄원인을 잡고 술값을 요구하자 돈이 없으니 내고 싶어도 못 낸다고 하여 피탄원인이 고소하기에 이른 것입니다.

◉ 탄원인이 나중에 안 사실이나 피탄원인은 실직하고 설상가상으로 부인까지 생활고로 가출해 버렸다는 것입니다.

◉ 탄원인은 피탄원인의 딱한 처지를 보고 용서하기로 마음먹고 이렇게 부탁드리며 피탄원인이 다시 사회에 나가 재기할 수 있도록 선처하여 주시기 바랍니다.

2○○○. ○. ○

위 탄원인 ○ ○ ○ (인)

○○ 지방법원 형사 ○단독 귀중

탄 원 서

- 사　　　건 :　　　　　　　　　　（사건번호 :　　　）
- 수　　　신 :

- 고 소 인 :
- 피의자(피탄원인) :
- 탄 원 인 성 명 :
　　　　　　주　　　소 :　　　　　　（연락처 :　　　）

■ 제　　　목 : 폭행죄를 범한 피탄원인을 선처해 주시기 바랍니다.

◉ 탄원인은 피탄원인의 명의로 된 24평 아파트에 금○○○만원에 전세 들어 살았던 사람입니다.

◉ 피탄원인은 ○○시 ○○구 ○○동 ○○번지에서 ○○해장국집을 하여 생활하고 있습니다.

◉ 탄원인이 세들어 살던 집은 피탄원인이 서준 보증이 잘못되어 2○○○.○.○. 경매로 넘어가게 되었습니다.

◉ 그런데 탄원인은 최우선변제액만 받을 수 있었을 뿐 전세금의 상당액을 피탄원인의 과오로 잃을 처지

에 있게 되었습니다.

◉ 피탄원인은 탄원인에게 어떻게든 나머지 돈을 갚을테니 염려말라고 하면서 차용증을 써주었습니다.

◉ 그런데 차일피일 기일만 연장할 뿐 돈을 갚지 않아 탄원인은 피탄원인을 찾아가 변제일자가 한참이나 지났는데도 왜 돈을 갚지 않느냐고 화를 내니까 피탄원인은 순간적으로 탄원인의 얼굴을 때리면서 돈이 없으니 당신 마음대로 하라고 하여 관할경찰서에 고소하여 현재 ○○구치소에 수감 재판중입니다.

◉ 약속을 지키지 않고 순간적으로 폭력을 행사하게 되어 죄송하다며 피탄원인은 진심으로 뉘우치며 사죄하고 있습니다.

◉ 피탄원인이 다시 한 번 정신을 가다듬어 재기할 수 있도록 피탄원인을 선처하시어 석방하여 주십시오.

2000. ○. ○

위 탄원인 ○ ○ ○ (인)

○○ 지방법원 형사 ○단독 귀중

탄 원 서

- 사　　　건 :　　　　　　　　　　　(사건번호 :　　　)
- 수　　　신 :

- 고 소 인 :
- 피의자(피탄원인) :
- 탄 원 인 성 명 :
　　　　　　주　소 :　　　　　　　(연락처 :　　　)

■ 제　　목 : 사기죄로 수사중인 피탄원인의 선처를
바랍니다.

◉ 탄원인은 피탄원인의 모친입니다.

◉ 피탄원인은 탄원인의 오랜 병수발 때문에 안 해
본 일이 없을 정도로 힘들게 살아왔으며 이 늙은이
때문에 나이 마흔이 되었는데도 자신의 배필도 찾지
못한 채 힘들게 살아가고 있습니다. 그런 제 자식
놈이 아파트 할머니들을 상대로 사기를 쳐서 지금
경찰서에서 수사받고 있습니다.

◉ 피탄원인은 행상으로 가방을 팔았는데, 그 인조
가죽가방을 천연가죽가방이라고 속여 아파트에 거주
하는 할머니들을 상대로 할머니들의 무지를 이용하

여 그 가격보다 비싸게 팔았다는 겁니다.

◉ 모두가 이 못난 탄원인의 잘못입니다.

◉ 병원비다 약값이다 해서 탄원인에게 한 달 평균 들어가는 돈이 ○○○원이나 되니 자식인 피탄원인이 비겁한 방법이지만 그런 방법 밖에 쓸 수 없었나 봅니다.

◉ 지금은 피탄원인이 없으니 이 늙은이 혼자서 모든 것이 막막한 심정입니다.

◉ 피탄원인도 진심으로 자신의 잘못을 뉘우치고 석방되면 정직하게 일할 것을 맹세하였습니다.

◉ 부디 선처하시어 피탄원인이 정직한 삶을 살아갈 수 있도록 도와주십시오.

2○○○. ○. ○

위 탄원인 ○ ○ ○ (인)

○○ 경찰서 귀중

탄 원 서

• 사   건 :   (사건번호 :   )
• 수   신 :

• 고 소 인 :
• 피의자(피탄원인) :
• 탄 원 인 성 명 :
　　　　주   소 :   (연락처 :   )

■ 제   목 : 상표법위반을 한 피탄원인의 선처를 바
랍니다.

◉ 탄원인은 피탄원인의 시누이입니다. 가족의 생계
를 책임지던 3년 전 병져 드러눕게 되자 피탄원인은
가족의 모든 생계를 책임지게 되었습니다.

◉ 병든 남편의 치료비와 중학교와 초등학교에 다니
는 두 딸 아이의 학비와 생활비를 책임지느라 쉴새
없이 일하고 있습니다.

◉ 피탄원인은 미싱일을 하게 되었는데 2000.○.
○. ○○메이커의 상표도용으로 피탄원인이 다니는
공장이 적발되어 피탄원인도 공모관계에 연루되었다
며 현재 구속수사 중에 있습니다.

◉ 피탄원인은 무지하여 그저 시키는 일만 했을 뿐 메이커가 무엇인지도 모릅니다. 지금도 자신이 왜 경찰서에서 조사받고 있는지 조차 모르는, 일과 가정 밖에 모르는 착한 아내이자 어머니입니다.

◉ 피탄원인을 가엾게 여기시어 기다리는 가족들의 품으로 하루속히 돌아올 수 있도록 도와주신다면 앞으론 절대 그런 불상사가 일어나지 않도록 주의시키겠으니 피탄원인을 선처하여 주시기 바랍니다.

2000. ○. ○

위 탄원인　○　○　○　(인)

○○ 지방검찰청 귀중

탄 원 서

• 사　　건 :　　　　　　　　(사건번호 :　　　)
• 수　　신 :

• 고 소 인 :
• 피의자(피탄원인) :
• 탄 원 인 성 명 :
　　　　주　　소 :　　　　　　(연락처 :　　　)

■ 제　　목 : 근로기준법위반을 한 피탄원인의 선처
를 바랍니다.

◉ 피탄원인은 ○○팬시 주식회사의 대표이사이고,
탄원인은 2○○○.○.○.부터 다음 해 ○.○까지 3년
동안 피탄원인의 회사에서 일했었습니다.

◉ 그런데 2○○○.○.○. 갑자기 해고를 통지하면서
이제 더 이상 일할 필요가 없다면서 그 다음날부터
나오지 말라고 하였습니다. 그래서 탄원인이 정당한
해고의 예고 없이 해고를 하였으니 석달분의 통상임
금을 요구하자 피탄원인은 탄원인이 그동안 열심히
일하지 않았고 지각을 밥 먹듯이 해서 근무 분위기
에 좋지 않은 영향을 미쳤으니 지불할 수 없다고 했
습니다.

◉ 그리하여 탄원인은 피탄원인을 고소하게 되었습니다.

◉ 피탄원인은 자신의 무지의 소치로 위와 같은 불상사가 일어났으나 용서해달라고 사죄하였습니다. 그리고 석달분의 임금도 지불해 주겠다고 약속하였습니다.

◉ 피탄원인도 이번 사건으로 많이 깨닫고 배웠을 것입니다. 탄원인도 이번 일로 배운 점이 많습니다. 물론 탄원인의 잘못한 점도 있긴 합니다.

◉ 피탄원인이 자신의 죄를 뉘우치고 있으니 선처하시어 석방하여 주시기를 간절히 바랍니다.

2000. 0. 0

위 탄원인 ○ ○ ○ (인)

○○ 지방법원 형사○단독 귀중

도시계획구역안 불법적치

탄 원 서

- 사　　　건 :　　　　　　　　（사건번호 :　　　）
- 수　　　신 :

- 고 소 인 :
- 피의자(피탄원인) :
- 탄 원 인 성 명 :
　　　　주　　　소 :　　　　　　（연락처 :　　　）

■ 제　　목 : 도시계획법 위반을 한 피탄원인의 선처를 바랍니다.

◉ 피탄원인은 도시계획법 위반으로 구속되어 재판중에 있으며, 탄원인은 피탄원인의 이웃되는 사람입니다.

◉ 피탄원인은 고물상영업을 경영하고 있는데 2○○○.○.○.경부터 2○○○.○.○.까지 사이에 ○○시 ○○동 ○○번지에 있는 피탄원인의 소유의 나대지 ○○㎡에 드럼통 약 500개를 쌓아놓아 적발된 것입니다.

◉ 무지한 저희들은 자신의 땅을 이용하여 불법한 행위를 하지 않았는데 무엇을 잘못하여 구속되었는

지 영문도 모르고 있었는데 피탄원인 소유의 밭은
도시계획구역 안의 녹지지역으로 관할관청의 허가를
받아야 하는데 허가없이 위와 같은 행위를 하여 적
발된 것입니다.

◉ 이번 사건으로 많은 것을 배우게 되었습니다. 이
번 한 번만 선처하여 주신다면 다시는 그런 일이 없
도록 하겠습니다.

◉ 부디 관용을 베푸시어 피탄원인이 삶의 터전으로
하루속히 돌아올 수 있도록 선처하여 주시기 바랍니
다.

2000. ○. ○

위 탄원인 ○ ○ ○ (인)

○○ 지방법원 형사○단독 귀중

탄 원 서

- 사 건 :   (사건번호 :   )
- 수 신 :

- 고 소 인 :
- 피의자(피탄원인) :
- 탄 원 인 성 명 :
          주 소 :   (연락처 :   )

■ 제   목 : 건설산업기본법 위반을 한 피탄원인의 선처를 바랍니다.

◉ 탄원인은 건설산업기본법 위반으로 구속 재판 중인 피탄원인의 여동생입니다.

◉ 피탄원인은 관할관청에 등록을 하지 않고 ○○시 ○○동에서 건설업을 영위하며, 2○○○.○.○경부터 2○○○.○.○까지 ○○시 ○○동 ○○○소유 대지에 ○○공사를 금○○○원에 도급받아 공사를 하여 범법행위를 저지른 것입니다.

◉ 탄원인의 가정생활은 매우 어렵습니다. 탄원인은 병든 부모님의 수발에 사회적으로 활동할 수 없고 모든 생계의 책임은 아들인 피탄원인이 지고 있습니

다.

◉ 피탄원인은 자신의 잘못을 진심으로 뉘우치고 있습니다. 그리고 위 무등록사업장도 폐쇄하여 버렸습니다.

◉ 피탄원인은 앞으로 막노동을 하더라도 다시는 범법행위를 저지르지 않을 것을 굳게 맹세하였습니다.

◉ 피탄원인이 구속되어 있으니 저희 가족은 생계가 막막합니다. 부디 피탄원인을 선처하시어 하루 속히 석방하여 주실 것을 간절히 바랍니다.

2000. ○. ○

위 탄원인 ○ ○ ○ (인)

○○ 지방법원 형사○단독 귀중

주거침입 후 퇴거명령에 불응

탄 원 서

- 사　　건 :　　　　　　　　　(사건번호 :　　　)
- 수　　신 :

- 고 소 인 :
- 피의자(피탄원인) :
- 탄 원 인 성 명 :
　　　　　주　　소 :　　　　　　　(연락처 :　　　)

■ 제　　목 : 주거침입을 한 피탄원인의 선처를 바랍니다.

◉ 피탄원인은 ○○대학교 3학년을 휴학중인 자로 2○○○.○.○. ○○:○○경 ○○시 ○○구 ○○동 ○○에 소재한 탄원인의 자취방에 들어와 평소 짝사랑을 해왔다고 고백하면서 탄원인에게 애인이 되어줄 것을 애원하였습니다.

◉ 탄원인이 이에 너무 황당하여 거절하면서 빨리 나가라고 여러 번 요구하였음에도 약 30분 동안 탄원인의 방 안에 머물면서 퇴거요구에 불응하여 탄원인은 피탄원인을 고소하게 된 것입니다.

◉ 피탄원인은 탄원인을 해칠 생각도 없었고, 그저

탄원인에게 고백하기 위해 그와 같은 행동을 했다는
것입니다. 그리고 앞으론 절대로 그런 몰지각한 행
동을 하지 않겠다고 탄원인에게 울면서 자신의 행동
을 사죄하고 있습니다. 탄원인도 피탄원인을 용서하
기로 마음먹었습니다.

◉ 피탄원인이 사회에 나가 학업에 열중할 수 있도
록 선처하여 주시기 바랍니다.

2○○○. ○. ○

위 탄원인   ○ ○ ○ (인)

○○ 지방법원 형사○단독 귀중

탄 원 서

- 사　　건 :　　　　　　　　　(사건번호 :　　　)
- 수　　신 :

- 고 소 인 :
- 피의자(피탄원인) :
- 탄 원 인 성 명 :
　　　　주　　소 :　　　　　　　(연락처 :　　　)

■ 제　　목 : 절도미수를 한 피탄원인을 선처해 주시기 바랍니다.

◉ 피탄원인은 2000.○.○. ○○:○○경 집안에 사람이 없다는 것을 알고 탄원인의 집에 물건을 절취할 목적으로 들어왔으나 마침 탄원인이 퇴근하여 집에 돌아온 바람에 절도에는 이르지 못하고 미수에 그쳤습니다.

◉ 탄원인은 당돌하기 그지없는 피탄원인을 고소하였습니다.

◉ 피탄원인은 고등학교를 졸업하고 하는 일 없이 빈둥빈둥 놀다가 질이 좋지 않은 형들과 어울려 그 형들이라는 자들의 강요에 못 이겨 절도할 것을 마

음먹고 탄원인의 집에 잠입한 것이었습니다.

◉ 피탄원인은 전과가 없는 자로 지금 자신의 행동
을 뉘우치고 있으며, 앞으론 방황하지 않고 열심히
살 것을 다짐하고 있습니다.

◉ 아직 정신적으로 성숙하지 못한 피탄원인을 선처
하시어 피탄원인이 사회에 하루 속히 복귀해 착하게
살아갈 수 있도록 하여 주시기 바랍니다.

2000. ○. ○

위 탄원인 ○ ○ ○ (인)

○○ 지방법원 형사○단독 귀중

탄 원 서

- 사　　건 :　　　　　　　(사건번호 :　　　)
- 수　　신 :

- 고 소 인 :
- 피의자(피탄원인) :
- 탄 원 인 성 명 :
　　　　　주　　소 :　　　　　(연락처 :　　　)

■ 제　　목 : 먹는물 관리법 위반행위를 한 피탄원인을 선처해 주시기 바랍니다.

◉ 피탄원인은 먹는물 관리법 위반으로 현재 ○○구치소에 수감중에 있으며, 탄원인은 피탄원인의 배우자입니다.

◉ 피탄원인은 무허가로 지하수를 비닐용기에 담아 '○○'라는 상품명으로 ○○시 ○○동 일대에 한 병당 350원의 가격으로 판매하다 적발되어 구속되었습니다. 피탄원인은 거듭된 사업의 실패로 많은 빚까지 지고 있어 생활이 매우 어려운 실정에 설상가상으로 구속까지 되었습니다.

◉ 피탄원인이 저지른 범법행위는 그 죄가 크다 하겠으나 우리 가족의 생계를 지고 있는 피탄원인이 구속되어 탄원인과 두 아이들의 생계가 막막한 지경입니다. 피탄원인도 자신의 죄를 진심으로 뉘우치고 있습니다.

◉ 피탄원인이 가족의 품으로 하루속히 돌아와 가정을 책임지고 바르게 살아갈 수 있도록 선처하여 주시기 바랍니다.

2000. ○. ○

위 탄원인 ○ ○ ○ (인)

○○ 지방법원 형사○단독 귀중

탄 원 서

• 사　　건 :　　　　　　　　　（사건번호 :　　　）
• 수　　신 :

• 고 소 인 :
• 피의자(피탄원인) :
• 탄 원 인 성 명 :
　　　　주　소 :　　　　　　（연락처 :　　　）

■ 제　　목 : 의료법 위반행위를 한 피탄원인을 선처
해 주시기 바랍니다.

◉ 피탄원인은 의료법 위반으로 현재 ○○경찰서에
서 수사중이며, 탄원인은 피탄원인의 남편입니다.

◉ 피탄원인은 결혼 전까지 간호조무사 생활을 한
적이 있습니다. 비록 지금은 결혼한 지 10년이나 흘
렀고 가시에 종사하고 있어 의료인은 아닙니다만 탄
원인의 동네는 교통이 불편하고 의료시설인 병원을
가려면 제반사항이 여의치 않아 힘든 실정입니다.

◉ 그래서 동네사람들은 영양주사를 맞으려면 피탄
원인에게 부탁하곤 합니다. 하지만 피탄원인이 그러
한 행위를 결코 영리목적에서 하지는 않았고 피탄원

인이 거절을 하는데도 그때마다 감사의 표시로 동네 사람들이 형편대로 조금씩 주고 가곤 했습니다.

◉ 이런 피탄원인을 같은 동네 ○○○이 고발하여 현재 피탄원인은 ○○경찰서에서 수사받고 있습니다.

◉ 피탄원인은 위와 같은 행위를 결코 영리의 목적으로 행하지는 않았지만 피탄원인이 전문의료인이 아님으로 인하여 생긴 불상사 같습니다.

◉ 한 번만 선처하여 주신다면 동네사람들에게 영리목적이든 아니든 주사를 놓아주는 일은 절대 하지 않을 것이고 이에 피탄원인도 뉘우치며 맹세하고 있습니다.

◉ 부디 피탄원인을 선처하여 주시기 바랍니다.

2000. ○. ○

위 탄원인 ○ ○ ○ (인)

○○ 지방법원 형사○단독 귀중

탄 원 서

- 사　　건 :　　　　　　　　(사건번호 :　　　)
- 수　　신 :

- 고 소 인 :
- 피의자(피탄원인) :
- 탄 원 인 성 명 :
　　　　　주　소 :　　　　　(연락처 :　　　)

■ 제　　목 : 부정경쟁방지 및 영업비밀보호에 관한 법률 위반을 한 피탄원인을 선처해 주시기 바랍니다.

◉ 피탄원인은 ○○시 ○○구 ○○동에서 신발소매점인 '신발공장'을 경영하는 자이고, 탄원인은 ○○시 ○○구 ○○동에서 정통메이커인 '○○○'을 경영하고 있습니다.

◉ 탄원인이 피탄원인을 고소하게 된 경위는 다음과 같습니다.

◉ 피탄원인은 2○○○.○.○.부터 국내에 널리 알려진 상표인 탄원인 회사의'○○○'와 유사한 상표를 그 포장에 사용한 캐주얼화 신발 200켤레를 구입하

여 판매함으로서 소비자들이 탄원인의 화사 상품과
혼동을 일으키게 하여 부정경쟁행위를 하여 피탄원
인을 고소하게 된 것입니다.

◉ 피탄원인은 자신의 잘못을 깊이 뉘우치고 있으며
앞으론 다시는 그런 행위를 하지 않겠다고 맹세하였
습니다.

◉ 탄원인도 소규모 신발소매상에 불과한 피탄원인
이 처벌받는 것을 원하지 않습니다. 이번 사건으로
피탄원인도 많은 것을 깨우쳤을 것입니다.

◉ 피탄원인을 선처하시어 석방의 아량을 베풀어 주
시기 바랍니다.

2000. ○. ○

위 탄원인 ○ ○ ○ (인)

○○ 지방법원 형사○단독 귀중

향토예비군훈련

탄 원 서

- 사　　건 :　　　　　　　　　(사건번호 :　　　　)
- 수　　신 :

- 고 소 인 :
- 피의자(피탄원인) :
- 탄 원 인 성 명 :
　　　　　　주　소 :　　　　　　　(연락처 :　　　　)

■ 제　　목 : 향군법위반을 한 피탄원인을 선처해 주
시기 바랍니다.

◉ 피탄원인은 향토예비군대원이고, 탄원인은 피탄
원인의 못난 아비입니다.

◉ 지금 피탄원인은 정당한 사유없이 예비군 훈련을
받지 않아 ○○경찰서에서 수사를 받고 있습니다.

◉ 모든 잘못은 무식한 이 늙은이에게 있습니다.

◉ 2000.○.○. 피탄원인에게 대하여 ○.○.
08:00~12:00까지 교육훈련소집통지서를 반장으로부
터 수령받았으면서도 탄원인의 건망증이 심하여 깜
빡하고 소집통지서를 피탄원인에게 전달하지 않아

이런 불상사가 생긴 것입니다.

◉ 피탄원인은 아무런 잘못이 없으니 대신 이 못난
늙은이를 벌하여 주십시오.

◉ 위와 같은 점들을 참작하시어 피탄원이게 피해가
가는 일이 없도록 선처하여 주시기 바랍니다.

2000. 0. 0

위 탄원인　○　○　○　(인)

○○ 경찰서 귀중

탄   원   서

- 사   건 :   (사건번호 :   )
- 수   신 :

- 고 소 인 :
- 피의자(피탄원인) :
- 탄 원 인 성 명 :
      주   소 :   (연락처 :   )

■ 제   목 : 저작권법위반을 한 피탄원인을 선처해
주시기 바랍니다.

◉ 피해자인 탄원인이 피탄원인을 고소하게 된 경위
는 다음과 같습니다.

◉ 사건외 ○○○이 ○○출판사를 정리하면서 일본
○○출판사 ○○○ 등 30권의 출판권을 탄원인에게
싸게 팔아 탄원인이 그 서적들의 출판권을 소유하게
된 것입니다.

◉ 그런데 2000.○.○. 한 독자로부터'○○'의 책
'○○'30권과 탄원인의 출판사의 책들이 제목과 머
리말 부분 등만 다를 뿐 별 상이점이 없다고 전화가
와서 탄원인이 서점에 들러 본 결과 위와 같은 어이

없는 사실을 발견하여 피탄원인에게 내용증명을 보
냈는데도 피탄원인이 이에 따르지 않자 관할경찰서
에 고소하게 된 것입니다.

◉ 탄원인이 나중에 안 사실이지만, 피탄원인도 피
해자에 불과할 따름입니다.

◉ 사건외 ○○○이 먼저 탄원인에게 ○○○ 등 30
권의 출판권을 팔고 또 피탄원인에게 같은 방법으로
출판권을 넘겨 이중계약이 된 것입니다.

◉ 지금 그 자리에서 벌을 받아야 하는 사람은 피탄
원인이 아니라 ○○○인 것입니다.

◉ 피탄원인에게 관용을 베푸시어 하루속히 석방되
어 이 모든 문제들을 사건외 ○○○과 함께 해결할
수 있도록 석방의 온정을 베풀어 주실 것을 간절히
바랍니다.

2○○○. ○. ○

위 탄원인 ○ ○ ○ (인)

○○ 지방법원 형사 ○단독 귀중

제3장

내용증명

제1절 개요

제1절 개요

1. 내용증명우편의 정의

내용증명우편은 자신이 보내는 서신의 내용을 증명할 필요가 있을때 이용하는 우체국의 특별한 우편제도이다. 즉, 서신의 내용이 단순한 개인간의 일이 아니라 법률적 또는 관습적으로 서면을 보냈다는 것과 보낸 날짜 등 증명하고자 할때 간단하게 일반인도 이용할 수 있는 제도이다.

2. 내용증명의 용도

(1) 증거의 보전

내용증명우편은 일정한 법률적인 의사표시가 있었다는 사실을 증명하고자 할 때 이용한다. 즉 계약의 취소·해제 또는 해지를 통지한다든가, 채무이행을 최고하는 경우에 구두나 보통 서신으로 통지를 하였을 때에는, 확실한 증거방법이 없다면 나중에 상대방이 그 통지를 받은 사실을 부인할 수 있을 것이다. 내용증명우편은 그러한 위험성을 사전에 제거하고자 하는 데에 원래 목적이 있는 것이다.

법률의 규정에 확정일자 있는 문서로 통지할 것을 규정한 경우, 예컨대 채권양도의 통지의 경우에는 내용증명우편을 이용하였을 때에는 이 서면은 제3자에 대한 대항력을 지닌 문서가 된다.

(2) 상대방에게 심리적 압박감 부여

내용증명우편을 받았다고 해서 법률적인 강제력이 발생하는 것은 아니며, 회신을 보낼 의무가 생기는 것도 아니다. 그러나 내용증명우편을 보낼 때에는 분쟁사항에 대하여 상대방의 이행이 없다면 법적인 조치를 취할 것이라는 내용까지 통지하게 되므로, 상대방은 그러한 통지를 받은 것만으로 심리적인 압박감을 가질 수 있다. 이것이 이 제도를 이용하면서 기대할 수 있는 또 하나의 효과이다.

3. 내용증명우편의 방법

내용증명은 3통을 작성하여 1통은 상대방에게 송부하며, 1통은 발송인, 나머지 1통은 발송한 우체국에서 장기간 보존한다.

상대방에 대한 의사표시는 그것이 상대방에게 도달함으로써 효력이 발생한다. 그런데 내용증명 우편으로 의사표시를 하면 어떤 내용의 서신을 발송하였는가에 대하여는 입증이 가능하지만 그 통지가 상대방에게 확실히 도달하였는가, 또 언제 도달하였는가 하는 문제는 확인할 수가 없다. 그러므로 법률상으로 중요한 의미를 가지는 각종 통지행위는 단순히 내용증명우편만으로 할 것이 아니라, 반드시 내용증명으로 발송하여 도착한 날짜까지 확인을 하는 것이 발송인의 입장으로서는 더욱 확실한 효과를 기대할 수 있을 것이다.

4. 내용증명우편의 작성방식

내용증명우편은 고소·고발장처럼 일정한 서식을 요구하는 서면은 아니다. 단지 우체국에서 개인이 작성한 서면에다가 「내용증명으로 보냅니다」하는 확인만 받으면 어떠한 내용이든지 서식에 상관없이 얼마든지 내용증명으로 보낼 수 있다. 단, 서면을 작성할 때에는 서면의 내용이 대부분 법률적인 분쟁사항을 다루는 것이므로 명확한 용어를 사용하여 자신의 주장은 확실히 하고, 상대방의 이행이 없을 경우에는 후속조치가 따를 것임을 명확히 하여야 내용증명우편을 받는 사람에게 경고를 취하는 의의가 있을 것이다.

서면이 2장 이상인 경우에는 앞장과 뒷장에 계인을 하여야 하며, 내용 중에서 정정이나 첨가사유가 있는 경우에는 다른 서류작성방법과 같이 난외에 그 사유를 적고 날인을 하여야 한다.

수신이이 2인 이상인 때에는 차례로 그들의 주소·성명을 기재하고, 수신인의 수보다 2통을 더 작성하여 내용증명을 받은 다음 각각 다른 봉투에 넣어 배달증명으로 보내면 된다.

제 2 절
내용증명 작성사례

소음 및 혐오시설의 개선요구

내용증명

본인들은 귀 병원의 부지에 인접하고 있는 ○○○아파트주민들을 대신한 입주자 대표입니다.

본 아파트 단지는 입주 후 15년이 지난 아파트이며, 귀 병원측은 설립된지 5년이 된 병원입니다.

귀 병원에서 운영하고 있는 영안실 및 응급실 때문에 저희 아파트에 거주하고 있는 주민들의 생활환경에 극심한 영향을 받고 있어 이에 따른 적절한 조치를 취해줄 것을 요청하는 바입니다.

문제점은 귀 병원의 응급실과 영안실의 입구가 아파트 단지 정문에 위치하고 있어 수시로 응급환자 또는 사체의 이동이 여과없이 노출되는 관계로 이러한 장면이 계속 보인다면 아이들의 교육에도 악영향을 미친다 할 것입니다. 그리고 유족들의 곡소리, 문상객들이 내는 소음, 밤낮을 가리지 않는 응급차의 사이렌 소리가 주민들에게 노출되어 심각한 소음공해를 일으키고 있습니다. 이에 이대로는 평화로운 공간이 되어야할 주거공간이 평안한 공간이 되지 못하고 있으므로 귀 병원측에서는 이러한 원인이 되는 영안실의 입구변경과 병원인근에 도착해서는 응급차의 싸이렌을 끄도록 하여 소음발생 원인을 줄여주시기 바랍니다.

만일 이 내용증명이 도착한 후 한 달이 경과한 후에도 이러한 조치에 대한 협의를 본 아파트 입주자대표와 진행하지 않는다면 법적조치 및 민사소송법에

따른 손해배상을 청구할 것임을 밝혀드리며, 이에
대한 답변은 빠른 시간안에 이루어 지길 바랍니다.

20○○. ○. ○.

통지인 ○○시 ○○구 ○○동 ○○번지 ○○○아파
트
입주자 대표 ○○○(인)
             ○○○(인)
             ○○○(인)
연락처 00-000-0000

피통지인 ○○시 ○○구 ○○동 ○○번지 ○○종합
병원 귀중
연락처 00-000-0000

<답변서>

귀측에서 내용증명으로 통지하신 내용은 이미 병원이 설립되는 과정에서 이의를 제기하셔서 이에 대한 보상(금○○○○만원 입주자대표를 통하여 지급)과 가림막 설치를 하였습니다.

또한 영안실의 경우에는 사람이 드나드는 부분이 귀 아파트의 고층부분에서 보일 수는 있으나 이 또한 시신이 드나들거나 하는 것은 아니며 문상객들만이 드나드는 통로로써 건물 중앙의 통로를 통하여 이용하는 문상객이 대부분이고 문상시간을 자정 이내로 한정하고 있으며, 방음작업을 해두어서 크게 소음이 발생하지는 않습니다.

또한 장의차의 경우에도 새벽6시경에 본 병원에서 출발하므로 귀측의 주장과 같이 귀 아파트의 입주민들의 출근이나 등교시간과는 겹치지 않으므로 문제되지는 않을 것이라 할 것입니다.

귀측에서 주장하시는 응급실 이용 구급차의 사이렌 소리와 응급환자의 노출부분에 대해서는 병원 부근 1킬로미터에서는 싸이렌을 끄도록 권고하였고, 구급차의 하차지점에 불투명 유리로 돔방식의 가림시설을 설치하여 귀측의 의견을 따르도록 하겠습니다.(공사기간 ○개월, 귀측에 지급하는 보상금 ○○○만원)

이에 대하여 이의가 있으신 경우에는 본 답변서를 수령하신 후 ○일 이내에 통지하여 주시기 바랍니다.

　　20○○. ○. ○.

답변인 ○○시 ○○구 ○○동 ○○번지 ○○종합병
원　귀중
연락처 00-000-0000

통지인 ○○시 ○○구 ○○동 ○○번지 ○○○아파
트
입주자 대표 ○○○(인)
　　　　　　○○○(인)
　　　　　　○○○(인)
연락처 00-000-0000

수표금 지급통지

내용증명

귀사는 20○○.○.○.부터 현재까지 저희 ○○주식회사의 물품을 공급받아 소매상에게 판매하는 업체로써 귀사는 20○○. ○,○. 물품대금으로 지급지가 ○○은행 ○○동 지점으로 된 금1억원의 가계수표(별첨)를 저희 회사에 교부하였습니다.

그러나 제가 그 수표의 소지인으로서 동년 ○. ○. 동 수표금의 지급을 받고자 지급은행에 제시하였으나 지급은행으로부터 지급거절을 당하였습니다.

이에 저는 부득이 귀사에 위 수표금의 지급을 청구하는 바이니 이 통지를 받는 즉시 위 수표금을 지급하여 주시기 바랍니다.

만일 이 수표금의 지급이 이루어지지 않는다면 부득이 저희 회사에서는 민사절차에 의하여 소송을 통한 지급청구를 할 수 밖에 없으니 지금까지의 거래관계를 고려하여 이는 서로에게 좋지 않은 결과가 발생되오니 빠른 처리를 앙망합니다.

별첨 : 지급일 20○○. ○. ○. 지급지 ○○은행 ○○동 지점 발행 ○○주식회사
　　　일련번호 가나11111 지급액 금1억원(사본)

20○○. ○.○.

통지인 ○○시 ○○동 ○○○번지 ○○주식회사
연락처 00-000-0000

피통지인 ○○시 ○○동 ○○○번지 ○○주식회사
연락처 00-000-0000

<답변서>

귀사에서 지급청구하신 가계수표는 지급기일 마감시
간전까지 ○○은행 ○○지점에 입금을 완료하였어야
했으나, 본사의 자금관리 실수로 인하여 금1천만원
이 부족한 금액만이 준비되어 입금을 완료하지 못하
고, 본사에서 은행측과 협의하여 본사에서 지급하는
것으로 얘기되었고, 귀사에서 지급요청하신 금액에
대하여는 본사에서 지급준비를 갖추고 있습니다.
귀사에 불편함을 끼친 점 사과드리며, 귀사 명의의
입금계좌를 유선 및 팩스, 이메일 등을 통하여 저희
회사로 알려주시면 즉시 입금조치를 취하도록 하겠
습니다.
또한 보유하고 계시는 본사의 가계수표는 지급완료
라는 표시를 하여 본사로 전달하여 주시기 바랍니
다.

20○○. ○.○.

답변인 ○○시 ○○동 ○○○번지 ○○주식회사
연락처 00-000-0000

통지인 ○○시 ○○동 ○○○번지 ○○주식회사
연락처 00-000-0000

내용증명

안녕하십니까 ○○○님
20○○. ○. ○. ○○시 ○○구 ○○동 ○○번지에서
○○○주식회사의 주주총회가 소집됨을 알려 드립니다.
금번 주주총회에서는 새로운 이사들의 선임 및 대표이사의 재신임등 주요현안을 논의할 예정이오니 꼭 참석하시어 귀하의 권리를 행사하시어 회사의 발전에 도움이 되어 주시기를 바랍니다.
혹시 바쁘셔서 출석하는 것이 힘드시다면 동봉하는 위임장을 작성하여서 꼭 발송해 주시기 바랍니다.

동봉 : 주식행사 위임장

20○○. ○. ○.

통지인 ○○시 ○○구 ○○동 ○○○주식회사
이사회
연락처 00-000-0000

피통지인 ○○시 ○○구 ○○동 ○○○번지
○○○주주님
연락처 00-000-0000

<답변서>

본인은 귀사에서 통보한 20○○. ○.○. 주주총회에
개인적인 사정으로 불참하게 됨을 알려드립니다.
이에 본인이 가진 귀사의 주식 ○○○○주에 대한
권리행사에 대하여는 동봉되어 온 위임장에 ○○○
을 본인의 위임자로 기재하여 보내드리오니 위임장
에 기재된 대로 처리하여 주실 것을 바라며, 본인은
이로 인해 결정된 금번 주주총회의 결과에 어떠한
이의도 제기하지 않고 따르도록 하겠습니다.

20○○. ○. ○.

답변인 ○○시 ○○구 ○○동 ○○○번지
○○○
연락처 00-000-0000

통지인 ○○시 ○○구 ○○동 ○○○주식회사
이사회
연락처 00-000-0000

내용증명

현재 귀사에서 제작판매하는 브라우니 캐릭터는 저희 회사에서 20○○. ○. ○. 제작발표한 것으로서 이미 실용신안 등에 등록되어 있는 제품입니다.

귀사에서는 최근 개그프로그램에서 인기를 기화로 저희회사에서 제작한 위 캐릭터를 저희회사의 동의 및 정당한 사용료를 지불하지 않고 20○○. ○. ○. 부터 현재까지 저희회사의 브라우니 캐릭터를 무단 도용하여 ○○○○점의 인형을 제작하여 판매하고 있는 것입니다.

이에 저희 회사에서는 수차례 전화와 공문을 팩스로 발송하여 귀사의 판매금지와 정당한 로열티 지불을 청구하였으나 귀사에서는 이에 아무런 응답도 하지 않고 있는 것입니다.

이에 저희 회사에서는 법적조치를 취하기 전에 마지막으로 귀사에 정당한 로열티 지불과 캐릭터 무단사용 중지를 요청하는 바입니다.

본 내용증명이 도착한 후에 20○○. ○. ○.까지 분명한 소명기회 및 협상의 기회를 드리오니 이에 응하지 않는 경우에는 민사·형사적인 조치를 취할 것임을 알려드리며, 이에 따른 법적제반비용 및 법적 조치를 취하여 저희 회사의 권리를 보장받고자 함을 알려드립니다.

별첨 : 캐릭터 무단사용 증빙사진 ○○점

　　20○○. ○. ○.

통지인　○○시　○○구　○○동　○○번지　○○주식회사
　　　　연락처　00-000-0000

피통지인　○○시　○○구　○○동　○○번지　○○○주식회사
　　　　연락처　000-000-0000

<답변서>

우선 귀사의 캐릭터가 본사에서 무단으로 사용된 점에 대하여 진심으로 사과의 말을 전합니다.
귀사의 주장과 같이 본사에서 무작정 사용한 것이 아니고, 기존에 나온 지 한참 된 인형이었고, 귀사에서 제작을 하지 않기에 이에 대하여 정당한 로열티를 지불하고 사용하려고 하였으나, 귀사가 본사를 옮기신 후 연락이 닿지 않아 3개월간의 수소문에도 연락을 취할 방법이 없어 20○○. ○. ○. 본사의 소재지인 ○○법원에 귀사를 수취인으로 하여 공탁금 ○○○○만원을 공탁하였습니다.
그리고 요즘의 방송을 기화로 본사가 귀사의 캐릭터를 무단사용하였다고 하시는데, 본사는 위 공탁을 한 후 작년 ○월부터 이 캐릭터제품을 판매하기 시작하였습니다.
또한 문의한 결과 방송에 사용된 인형은 귀사제품이 아닌 본사의 제품인 것으로 밝혀졌습니다.
본사는 귀사의 캐릭터를 무단으로 사용하고자 한 것이 아니고 귀사에서 생산을 중단하신지 몇 년이 지난 것을 정당한 대가를 지불하고 사용하고자 하였으나 귀사와의 연락이 닿지 않아 본사에서는 할 수 있는 법적인 조치를 취하고 사용한 것입니다.
그러므로 본사의 이러한 노력을 헤아리시고 귀사를 수령인으로 한 공탁금을 수취하시고, 이에 대하여 협의가 필요한 경우에는 본사 총무부로 연락하셔서 실무협의를 하시기 바랍니다.

     20○○. ○. ○.

  답변인 ○○시 ○○구 ○○동 ○○번지 ○○○주식
  회사
          연락처 000-000-0000

  통지인 ○○시 ○○구 ○○동 ○○번지 ○○주식회
  사
          연락처 00-000-0000

내용증명

현재 귀하가 ○○○과학잡지에 게재하고 있는 논문
중(20○○. ○.월호) ○○세포의 연구에 대한 일부분
은 본인이 20○○. ○. ○. ○○학회에서 공식적으로
발표한 논문으로서 ○○과학지에 20○○. ○.호에
게재된 것입니다.

이는 ○○세포의 분열에 대한 일부 염색체 이상에
대한 해결방안으로 본인의 동의없이 귀하의 연구실
적인양 무단으로 게재하는 것은 명백한 저작권의 침
해라 할 것입니다.

따라서 귀하께서는 즉시 이 논문의 원저자를 표시하
시고 사과문을 게재(일간지, ○○과학잡지)해 주시기
바랍니다.

다음 ○○과학잡지에 이런 사과의 게재 및 논문취소
의 조치가 이루어 지지 않는다면 본인은 귀하를 형
사상, 민사상의 손해배상과 더불어 고소할 예정임을
알려드리오니 이를 양지하시어 빠른 조치를 바랍니
다.

별첨 : ○○과학잡지 20○○. ○.월호 본인의 논문인
용 부분

　　　20○○. ○. ○. 본인 발표 논문 사본(20○
○. ○. ○. ○○과학지 게재)

20○○. ○. ○.

통지인 ○○시 ○○구 ○○동 ○○번지 ○○○(인)
　　　연락처 000-000-0000

피통지인 ○○시 ○○구 ○○동 ○○번지 ○○○
(인)
　　　연락처 000-000-0000

<답변서>

귀하께서 말씀하신 ○○세포의 연구에 있어서 귀하의 의견은 본인이 귀하의 연구본문을 표절했다고 주장하고 있으나, 귀하의 방식과 본인의 방식에는 많은 차이가 있습니다.
우선 ○○세포의 분열을 증명하는 방법에 있어서 귀하의 방법은 ○○을 이용하여 ○○을 첨가하여 발현시키는 방법이고, 본인의 방법은 세포를 ○○처리하여 원심분리기를 통하여 구성을 변환하여 이를 발현시키는 방법으로 결과는 귀하와 본인이 동일하게 나오지만 그 증명방법에 있어서는 본인의 논문에서 보이는 것과 같이 전혀 다름을 알 수 있습니다.
따라서 본인에게 귀하께서 보내신 내용증명은 근거없다 할 것이며, 또다시 이 문제를 제기하시는 경우에 본인은 귀하를 명예훼손으로 고발하도록 할 것입니다.

20○○. ○. ○.

답변인 ○○시 ○○구 ○○동 ○○번지 ○○○(인)
        연락처 000-000-0000

통지인 ○○시 ○○구 ○○동 ○○번지 ○○○(인)
        연락처 000-000-0000

이사직 사임 통지

내용증명

본인은 20○○. ○. ○.부터 현재까지 귀사의 이사로 재직 중인 자로서

현재 본인의 일신상의 이유로 이사직의 소임을 다하지 못할 것이 염려되어 부득이 이사직을 사임하고자 합니다.

금번 20○○. ○. ○. 열리는 제○○회 정기주주총회에서 이 사실을 주주들에게 공지하여 주시고. 등기에서도 사임을 기재하여 주시기를 바랍니다.

이 내용증명이 도착하는 즉시 동봉하여 드리는 사직서와 함께 필요조치를 취하여 주실 것을 바랍니다.

동봉 : 이사직 사임서

20○○. ○. ○.

통지인 ○○시 ○○구 ○○동 ○○번지 ○○○(인)
　　　연락처 000-000-0000

피통지인 ○○시 ○○구 ○○동 ○○번지 ○○주식회사
　　　연락처 00-0000-0000

<답변서>

귀하의 이사직 사임요구에 대하여 답변을 드립니다.
귀하의 이사직 사임에 대하여는 20○○. ○.○. 제○
○회 이사회 안건에 회부하여
사임이 정식으로 수리되었음을 알려드립니다,
또한 이에 대하여 법인 등기부 등본에서 처리되었
고, 나머지 행정상의 절차에 따라 본사에서 지급하
여야 할 일정금원을 보내드리고자 하오니 귀하의 주
민등록증과 인감증명, 지급받으실 통장사본을 지참
하시고 본사 재무팀에 방문하여 주실것을 바랍니다,
방문하시기 전에 본사 재무팀과 사전 시간조정을 하
여 주시고 수령인란 및 본사 구비서류에 서명날인
하여 주시면 귀하의 이사직 사임은 완료됩니다.
그동안 본사를 위하여 헌신해주신 귀하의 노력에 감
사드립니다.

20○○. ○. ○.

답변인 ○○시 ○○구 ○○동 ○○번지 ○○주식회
사
        연락처 00-0000-0000

통지인 ○○시 ○○구 ○○동 ○○번지 ○○○(인)
        연락처 000-000-0000

채무변제거부 통지

내용증명

20○○. ○. ○. 귀사에서 ○○시 ○○구 ○○동에 거주하는 ○○○에게 금○○○○만원의 금전을 대출할 때에 본인은 ○○○의 부탁으로 보증인이 되었습니다.

그러나 대출일로부터 5년이 지난 현재까지의 기간 중 ○○○은 본인이 보증을 선 귀사의 금원을 변제하였고 추가로 금○○○○만원의 금원을 대출받은 것입니다.

귀사에서는 5년 전의 보증을 근거로 하여 본인에게 대출금을 대신 상환할 것을 요청하고 본인에게 금융거래에서의 불이익을 줄 것처럼 수시로 전화로 상환을 독촉하여 본인은 일상적인 생활을 하지 못할 지경에 이르렀습니다.

이에 대하여 본인은 추후 대출에 본인의 동의도 없이 보증인으로 설정된 부분과 이에 대한 근거를 제출하여 줄 것을 귀사에 요청하였으나 귀사에서는 내부규정을 근거로 하여 줄 수 없다고 하는 등 고의로 자료제출을 거부하고 있는 것입니다.

본인이 변호사 및 법원에 문의한 결과 귀사의 요청은 아무런 법적 근거가 없이 오히려 사기죄로 처벌할 수 있는 중대한 범죄행위로 귀사는 이 내용증명을 받는 즉시 본인에게 채무변제를 독촉하는 행위를 중지하고 사과문을 귀사의 홈페이지에 7일간 게재함과 동시에 본인이 귀사의 요구에 대응하느라 변호사

에게 지불한 금○○○만원의 금원을 배상하여 주시
기 바랍니다.
만일 본인의 이런 요구에 이달 말일까지 귀사에서
이런 조치를 취하지 않는다면 본인은 민사소송 및
형사고발 조치를 취할 것임을 알려드립니다.

20○○. ○. ○.

통지인 ○○시 ○○구 ○○동 ○○번지 ○○○(인)
    연락처 000-000-0000

피통지인 ○○시 ○○구 ○○동 ○○번지 ○○은행
    연락처 00-000-0000

<답변서>

귀하의 내용증명 내용을 확인하여 본 결과 귀하께서 말씀하신대로 본사의 전산상의 오류로 인하여 ○○○님의 추가대출에 귀하의 자료가 그대로 사용되는 오류가 발생하였습니다.
채무회수를 맡은 채무관리팀에 이를 통지하고 고객님에 대한 채무변제요구를 중지하도록 명령하였으며, 귀하께서 변호사선임을 하신 비용 및 정신적인 손해배상에 대하여는 본사 관리팀에서 방문하여 협의처리 할 것임을 알려드립니다.
홈페이지에 사과문을 게재하는 부분에 대해서는 본사의 실수가 있으나 이미지훼손이 우려되는 바 이에 대한 보상도 고객님과의 보상과정에서 협의하도록 하겠으니 양해 바랍니다.
위 내용에 대하여 귀하께서 이의가 없으시다면 이 답변서가 귀하께 전달된 후 3일 이내에 본사 관리팀에서 전화연락을 드리고 협의일자를 잡도록 하겠습니다.
본사의 잘못으로 귀하께 불편함과 피해를 드린 점 진심으로 사과드리며, 다시 한 번 죄송함을 전합니다.

20○○. ○. ○.

답변인 ○○시 ○○구 ○○동 ○○번지 ○○은행
　　　　연락처 00-000-0000

통지인 ○○시 ○○구 ○○동 ○○번지 ○○○(인)
연락처 000-000-0000

어음금 지급 거절 통지서

내용증명

귀하가 저에게 지급 요청하신 어음은 정당하게 성립된 것이 아니라 제1배서인으로 기재되어 있는 ○○○이 저의 인감과 명의를 도용하여 발행된 것으로서 본인에게는 이를 지급할 의무가 없습니다.
본인은 이 어음의 성립에 대해서도 아는바가 없고 이 어음의 성립을 추인하는 어떠한 행위도 한 적이 없습니다.
이에 본인에게 지급청구 된 어음에 대해서 본인은 지급의무가 없으며 이를 거절하는 의사를 귀하에게 통지하는 바입니다.

20○○. ○. ○.

통지인 ○○시 ○○구 ○○동 ○○번지 ○○주식회사
　　　연락처 000-000-0000

피통지인 ○○시 ○○구 ○○동 ○○번지 ○○○ (인)
　　　연락처 00-0000-0000

<답변서>

본사에서 귀사에 지급을 의뢰한 어음은 본사에서는 정식적인 결제절차를 통하여 지급받은 것입니다.
○○○은 귀사의 회계를 담당하던 자로서 20○○. ○.경 부터 ○년간 귀사의 어음발행을 맡아오던 자로서, 본사의 입장에서는 정당한 절차를 거쳐 지급받았다 할 것입니다.
따라서 귀사에서 주장하는 바는 근거없다 할 것이고, 청구된 어음을 지급하여 주시기 바라며, 지급이 되지 않을 경우 형사고소 및 각종 법적인 절차를 취할 것입니다.

20○○. ○. ○.

답변인 ○○시 ○○구 ○○동 ○○번지 ○○○(인)
     연락처 00-0000-0000

통지인 ○○시 ○○구 ○○동 ○○번지 ○○주식회사
     연락처 000-000-0000

약속어음금 지급 청구서

내용증명

귀하가 20○○. ○. ○. 발행한 약속어음(발행번호
○○○○호)의 지급을 청구합니다.
상기 어음의 지급일은 20○○. ○. ○. 로 본인은 어
음발행인인 귀하에게 위 어음의 사본을 20○○. ○.
○. 귀하에게 우편으로 발송하고 어음지급일에 어음
원본을 지급지인 귀하의 사무실에 오후○시에 방문
하여 수령할 예정이오니, 이에 대한 지급조치를 하
여 주시기 바랍니다.
이에 대하여 이의사항이 있으시다면 이 내용증명이
귀하에게 도달한 후에 7일 이내에 통보하여 주시기
바랍니다.

20○○. ○. ○.

통지인 ○○시 ○○구 ○○동 ○○번지 ○○주식회
사
　　　연락처 000-000-0000

피통지인 ○○시 ○○구 ○○동 ○○번지 ○○주식
회사
　　　연락처 00-0000-0000

<답변서>

귀사에서 청구하신 어음금은 만기일 전에 미리 준비
금을 준비해두었으니 지급부분에 대해서는 걱정하지
않으셔도 됩니다.
폐사의 행사관계상 귀사에서 방문하시려고 하는 때
에는 담당자가 자리에 없습니다.
따라서 사본을 팩스로 송부해주시고, 대금이 송부된
후에는 원본에 결제완료라는 글자를 적어주시고(입
금확인 후 팩스로 먼저 송부) 원본을 우편으로 발송
해주시기 바랍니다.
귀사의 일익번창하심을 기원합니다.

20○○. ○. ○.

답변인 ○○시 ○○구 ○○동 ○○번지 ○○주식회
사
        연락처 00-0000-0000

통지인 ○○시 ○○구 ○○동 ○○번지 ○○주식회
사
        연락처 000-000-0000

연대보증채무 지급청구

내용증명

귀하의 일익번창하심을 기원합니다.

귀하께서는 지난 20○○. ○. ○. ○○주식회사가 저희 ○○○○사의 ○○○을 구입하는 과정에서 대금지급에 대한 연대보증을 서주셨습니다.

이 채무의 변제는 20○○. ○. ○.까지로 약정하였으나 인 ○○주식회사는 자금사정이 어렵다는 이유로 ○개월이 지난 현재까지도 지급하지 않고 있습니다.

그러나 폐사의 사정상 ○○주식회사가 계속하여 대금을 지급하지 않는다면 폐사는 회사존립이 어려운 상황이므로 귀하에게 본 대금을 청구하는 바입니다.

귀하께서는 이 서면이 도달한 후 10일 이내에 위 물품대금 ○○○○만원에 대한 지급을 폐사에 해 주시기 바랍니다.

20○○. ○. ○.

통지인 ○○시 ○○구 ○○동 ○○번지 ○○○○주식회사

　　　　연락처 00-0000-0000

피통지인 ○○시 ○○구 ○○동 ○○번지 ○○○

　　　　연락처 000-000-0000

<답변서>

귀사의 일익번창하심을 기원합니다.
귀사의 연대보증금 지급 청구에 대하여 본인은 ○○
주식회사에 대금지급완납을 요청하였고, ○○주식회
사에서 본인에게 서면이 도달된 시점에서 한 달 이
내에 귀사에 물품대금지급을 완료하겠다는 답변을
받았습니다.
따라서 귀사에서는 본인에게 요청하신 연대보증금을
20○○. ○. ○. 까지 ○○주식회사에서 완납할 때까
지 기다려 주시기를 바랍니다.
만약 위 약정기일까지 ○○주식회사에서 물품대금을
지급하지 않을 경우에는 본인이 연대보증의 결과로
책임지도록 하겠으니 양해 부탁드리겠습니다.

20○○. ○. ○.

답변인 ○○시 ○○구 ○○동 ○○번지 ○○○
     연락처 000-000-0000

통지인 ○○시 ○○구 ○○동 ○○번지 ○○○○주
식회사
     연락처 00-0000-0000

치료비 지급청구

내용증명

귀하께서는 20○○. ○. ○. ○○사거리에서 발생한 교통사고로 인하여 본원에 입원하여 ○개월간 입원치료 하셨습니다.

그러나 입원을 보증한 보험회사에서는 귀하의 과실로 인한 교통사고이므로 치료비 지급의무가 없다는 이유를 들어 치료비를 지급하지 않고 있습니다.

따라서 본 병원에서는 입원치료 당사자인 귀하에게 치료비를 청구하는 바이니, 이 통지를 받은 날로부터 7일 이내에 치료비 ○○○만원을 본원에 납부하여 주시기 바랍니다.

만약 이 기한까지 납입이 되지 않는다면 본원은 민사소송상의 절차를 밟아 채권의 만족을 얻을 수밖에 없음을 알려드리는 바입니다.

20○○. ○. ○.

통지인 ○○시 ○○구 ○○동 ○○번지 ○○종합병원
　　　연락처 00-0000-0000

피통지인 ○○시 ○○구 ○○동 ○○번지 ○○○
　　　연락처 000-000-0000

<답변서>

귀원의 일익번창하심을 기원합니다.
본인의 치료에 대한 치료비 지급에 대하여 ○○보험
회사에 문의한 결과 보상담당자인 ○○○의 횡령으
로 본인의 치료비가 지급되지 않았음을 확인했습니
다.
따라서 본인은 치료비를 지급하지 않을 것이며, ○
○보험회사에서 본인의 치료비가 지급될 것입니다.
이에 ○○보험회사의 새로운 담당자 및 연락처를 알
려드리오니 참고하시기 바랍니다.

20○○. ○. ○.

답변인 ○○시 ○○구 ○○동 ○○번지 ○○○
        연락처 000-000-0000

통지인 ○○시 ○○구 ○○동 ○○번지 ○○종합병
원
        연락처 00-0000-0000

채무변제통지서

내용증명

귀하의 일익번창하심을 기원합니다.

드릴 말씀은 다름이 아니라 지난 20○○. ○. ○. 귀하께서 본인의 채무보증인이 되셨던 건 때문에 연락을 드리게 되었습니다.

20○○. ○. ○. 채무만기일에 본인은 그 채무의 전액을 변제하였으므로 귀하께서 채무의 이중변제를 하시는 일이 발생하지 않도록 알려드립니다.

어려운 시기에 본인의 보증인이 되어 도움을 주신 일에 대하여 감사의 말씀을 전하며, 추후에 귀하의 사무실에 따로 방문하여 감사의 말을 다시 한 번 전하도록 하겠습니다.

20○○. ○. ○.

통지인 ○○시 ○○구 ○○동 ○○번지 ○○○
　　　 연락처 00-0000-0000

피통지인 ○○시 ○○구 ○○동 ○○번지 ○○○
　　　 연락처 000-000-0000

<답변서>

귀하의 일익번창하심을 기원합니다.
귀하의 사업이 잘 되어서 채무변제를 완료하심을 축
하합니다.
본인에게 귀하의 보증건에 대하여 채무변제 요청 예
비문서가 오기는 하였으나 20○○. ○. ○. 귀하의
채무변제 통지가 오기 2일전 채무변제완료에 대하여
○○주식회사에서 완료통지가 본인에게 도달하였습
니다.
앞으로도 귀하의 사업이 번창하시기를 기원하며, 본
인은 해외공사관계로 20○○. ○. ○. 에 귀국할 예
정이오니 방문은 그 이후에 하여 주시기 바랍니다.

20○○. ○. ○.

답변인 ○○시 ○○구 ○○동 ○○번지 ○○○
        연락처 00-0000-0000

통지인 ○○시 ○○구 ○○동 ○○번지 ○○○
        연락처 000-000-0000

내용증명

귀하의 일익번창하심을 기원합니다.
본인은 20○○. ○. ○. ○○○과 상품공급계약을 하
면서 귀하께서 ○○○의 보증을 해주셨던바, 후일에
발생할지도 모르는 불의의 사태에 대비하기 위하여
이렇게 확인을 하여 주십사 하는 서면을 보내드리게
되었습니다. 번거우시더라도 이 서면을 받는대로
확인하여 주시기를 바랍니다.

20○○. ○. ○.

통지인 ○○시 ○○구 ○○동 ○○번지 ○○○
　　　연락처 00-0000-0000

피통지인 ○○시 ○○구 ○○동 ○○번지 ○○○
　　　연락처 000-000-0000

<답변서>

귀하의 일익번창하심을 기원합니다.
귀하께서 말씀하신 ○○○과 귀하와의 상품공급계약
에 있어서 본인은 위 계약의 보증인으로 한 것을 확
인합니다.
그러나 본인은 보증지급의 한도를 ○억원으로 하고
그 기한을 1년으로 하여 약정하였으므로 착오없으시
기를 바라며, 추후 ○○○의 계약위반이나 대급지급
의 차질이 발생할 경우 귀하께서는 무조건 본인에게
청구하기 보다는 ○○○에게 우선 대금 지급을 받도
록 하시고 최후의 수단으로 본인에게 지급을 청구하
시기 바랍니다.

20○○. ○. ○.

답변인 ○○시 ○○구 ○○동 ○○번지 ○○○
　　　　연락처 000-000-0000

통지인 ○○시 ○○구 ○○동 ○○번지 ○○○
　　　　연락처 00-0000-0000

채무변제통지서

내용증명

저와 귀하 등 ○○○, ○○○과 더불어 20○○. ○. ○. ○○은행으로부터 ○○○○만원의 대출을 받으면서 서로의 관계를 연대보증인으로 규정하였습니다.

이 대출금의 변제기가 20○○. ○. ○. 도래하였는바 본인이 먼저 이 대출금의 전액을 상환하고 지분에 따른 귀하와 ○○○, ○○○의 대출금 상환부분에 대하여는 지급을 청구하고자 합니다.

○○○, ○○○에게도 귀하와 마찬가지로 이 내용증명을 보내 통지하였으니 귀하께서는 이 통지를 받은 후 7일 이내에 본인에게 대출금 중 귀하의 지분부분에 대한 금원을 지급하시기 바랍니다.

20○○. ○. ○.

통지인 ○○시 ○○구 ○○동 ○○번지 ○○○
　　　　연락처 00-0000-0000

피통지인 ○○시 ○○구 ○○동 ○○번지 ○○○
　　　　　연락처 000-000-0000

<답변서>

귀하의 채무변제 통지에 대하여 잘 받아보았습니다.
본인의 지분비율에 대한 대출금상환에 대하여 귀하
의 변제를 확인하였으며, 당연히 귀하께 지급할 것
입니다.
그러나 본인의 지분율에 대한 귀하의 계산에서 오류
를 발견하였기에 귀하께 다시 통지합니다.
○○○, ○○○의 지분은 ○○%이고 본인의 지분율
은 이들보다 5% 작은 ○○%입니다.
따라서 본인의 귀하께 드려야할 대출금은 귀하의 통
지보다 작은 금 ○○○만원이라 할 것이므로 확인
후 재 통지 부탁드립니다.

20○○. ○. ○.

답변인 ○○시 ○○구 ○○동 ○○번지 ○○○
　　　　연락처 000-000-0000

통지인 ○○시 ○○구 ○○동 ○○번지 ○○○
　　　　연락처 00-0000-0000

불편사항 시정청구서

내용증명

귀하의 일익번창하심을 기원합니다.

현재 귀하께서 공사하고 계시는 ○○시 ○○구 ○○동 ○○번지 빌라 재건축 공사로 인하여 많은 불편사항이 있어 이에 대한 시정을 청구합니다.

귀하의 공사장에 공사중 안내판과 , 차폐물, 낙석방지 조치 등이 미흡하여 그 앞을 다니는 본인을 포함한 많은 주민들의 통행과 안전에 불편과 큰 위험을 내포하고 있으니 시정조치 하시기 바랍니다.

그리고 길가에 내어 쌓아놓은 공사자재 때문에 자동차의 운행에도 큰 불편을 끼치고 있습니다.

10일 전에 귀하를 면담하고 이 불편을 시정하여 줄 것을 요청하였으나 지금까지 불편이 해소되지 않은 상태입니다.

이 증명을 받는 즉시 이 불편사항을 시정하여 주시기 바랍니다.

만일 이 증명이 도달한 후에도 불편사항이 시정되지 않는다면   본인은 귀하를 상대로 손해배상청구 및 공사중지 가처분 등의 조치를 취할 것입니다.

20○○. ○. ○.

통지인 ○○시 ○○구 ○○동 ○○번지 ○○○
　　　연락처 000-000-0000

피통지인 ○○시 ○○구 ○○동 ○○번지 ○○○
　　　연락처 00-0000-0000

<답변서>

귀하께 불편을 끼쳐드린 점 진심으로 사과의 말씀
전합니다.
위 공사는 본인이 하는 것이기는 하나 하청업체에
본인의 시정요구가 전달되지 않아 아직까지 시정조
치가 이루어지지 않은 듯합니다.
귀하의 통지를 받고 본인이 직접 현장을 확인하고
낙석방지망과 안내문, 차폐물설치등을 확인하였고
조치완료하였습니다.
공사자재의 경우도 도로를 점유하여 자동차의 통행
에 방해되던 부분을 현장내로 이동하여 더 이상 방
해되지 않도록 조치하였습니다.
또한 귀하를 비롯한 주변의 주민들의 피해에 대하여
본인은 각 가구마다 사과의 의미로 상품권 ○○만원
을 지급하기로 하였으니 수령하시고 양해하시길 바
랍니다.

20○○. ○. ○.

답변인 ○○시 ○○구 ○○동 ○○번지 ○○○
　　　　연락처 000-000-0000

통지인 ○○시 ○○구 ○○동 ○○번지 ○○○
　　　　연락처 00-0000-0000

내용증명

본인과 귀하와는 담 하나를 둔 이웃으로 서로 어느 정도의 불편함이 있어도 양해하려고 하였습니다.

그러나 귀하의 담장 안에 있는 은행나무의 경우 가을이 되면 고약한 냄새와 가지 및 낙엽으로 인하여 여러 차례 제거하여 주실 것을 요청하였으나 귀하께서는 이를 무시하고 5년의 세월이 지났습니다.

그러나 본인은 더 이상 고약한 은행냄새와 낙엽을 견디지 못하겠으므로 귀하께 서면으로 수목을 제거하여 주실 것을 청구하는 바입니다.

이 서면이 도착한 후 20○○. ○.말일까지 문제가 되는 은행나무를 제거하여 이웃끼리의 공동생활에 더 이상 불편함이 없도록 하여주시기 바라며, 이행되지 않을 경우 민사상 손해배상 및 행정절차상의 청구를 할 것이니 이에 대한 책임은 귀하께 있음을 알려드립니다.

20○○. ○. ○.

통지인 ○○시 ○○구 ○○동 ○○번지 ○○○
연락처 000-000-0000

피통지인 ○○시 ○○구 ○○동 ○○번지 ○○○
　　　　연락처 00-0000-0000

<답변서>

귀하의 요청에 대하여 잘 받아보았습니다.
우선 본인은 여러 차례에 걸쳐 귀하께 은행나무에
대하여 설명하였습니다.
귀하께서 이사오시기 전부터 집을 지을 때 심은 것
이기 때문에 수목을 제거할 수 없으며, 귀하의 마당
에 가지 및 낙엽이 넘어가지 않도록 주의하고 가지
치기도 정기적으로 하고 있습니다.
이 은행나무의 경우 본인에게는 커다란 의미가 있기
때문에 양해를 바란다고 말씀드렸고 이에 귀하께서
도 양해하는 듯 보였기에 5년의 세월이 더 지난 것
입니다.
또한 은행을 수확하여 귀하께 보냈고 귀하도 거부하
지 않고 받았기에 잘 해결된 것으로 알았습니다.
은행은 수확기에만 고약한 냄새가 나는데 그 기간
또한 한 달을 넘기지 않습니다. 귀하께서 이 정도를
견디실 수 없으시다면 그에 대한 보상을 해드리겠습
니다.
그러나 이 은행나무는 본인에게 너무나 커다란 의미
가 있으므로 제거하기는 어려우니 귀하의 선처를 바
랍니다.
냄새로 인한 피해보상은 이 답변인 있은 후 한달 이
내에 본인에게 해주시길 바랍니다.

20○○. ○. ○.

답변인 ○○시 ○○구 ○○동 ○○번지 ○○○
　　　연락처 000-000-0000

통지인 ○○시 ○○구 ○○동 ○○번지 ○○○
　　　연락처 00-0000-0000

내용증명

귀사의 일익번창하심을 기원합니다.

본인은 귀사의 20○○. ○. ○. 발행된 ○○일보 제○면 불법영업에 대한 사회면에 게재된 사진으로 인하여 영업상 커다란 피해를 보았기에 이에 대한 정정보도를 요청합니다.

물론 사진 하단에 사진과 기사내용이 무관하다는 게재가 있기는 하지만 눈에 잘 띄지도 않고 일반적인 상식으로 관련이 없는 업체에 대하여 사진에 업체명까지 게재하였다는 것은 이해할 수 없습니다.

귀사의 기사로 인하여 불법적인 영업을 하는 업소로 인식되어 매출도 급감하고 추진하던 프랜차이즈 사업도 중지되는 등 많은 피해를 보았으므로 정정보도를 게재하여 주시고, 본인의 피해에 대하여는 민사소송을 통하여 청구할 예정이오니 양지하시기 바랍니다.

이 통지 후 10일 이내에 귀사의 1면에 사과문 및 정정보도를 게재하지 않으실 경우 민사소송과는 별도로 명예훼손에 대한 형사고소도 진행하며, 언론중재위원회에도 접수할 것이니 빠른 조치 바라겠습니다.

20○○. ○. ○.

통지인 ○○시 ○○구 ○○동 ○○번지 ○○○
　　　연락처 000-000-0000

피통지인 ○○시 ○○구 ○○동 ○○번지 ○○일보
　　　연락처 00-0000-0000

<답변서>

귀하의 일익번창하심을 기원합니다.
귀하께서 말씀하신 사진은 불법영업을 고발하면서 귀하의 매장 이미지가 게재되기는 하였으나 본사에서는 분명 다른 기사와 마찬가지의 크기로 사진과 기사의 내용과는 무관하다는 내용을 기재하였고, 귀하의 주장처럼 귀하의 상호가 보이지는 않습니다.
귀하께서는 본인의 매장이니 알아보시는 것일 뿐이고, 일반인은 절대 귀하의 상호를 알아보지 못할 정도로 사진이 뚜렷하진 않습니다.
따라서 귀하의 정정보도청구는 본사에서는 받아들이기 힘든 부분이므로 귀하의 요청은 거부하도록 하겠습니다.
물론 귀하께서 추후에 언론보도정정위원회 및 형사고소, 민사상 청구를 하실 경우에도 본사는 이와 같은 내용으로 주장하고 대응할 것임을 알려드립니다.

20○○. ○. ○.

답변인 ○○시 ○○구 ○○동 ○○번지 ○○일보
        연락처 000-000-0000

통지인 ○○시 ○○구 ○○동 ○○번지 ○○○
        연락처 00-0000-0000

상속등기말소이전청구

내용증명

현재 귀하께서 상속받으신 ○○시 ○○구 ○○동 ○○번지 소재의 3층 상가에 대한 상속등기를 말소하고 본 사단법인 ○○ 앞으로 등기를 이전해주시기 바랍니다.

상기 건물은 귀하의 어머니이신 ○○○님께서 20○○. ○. ○. 기증을 약속하셨고 증여를 받아 사용하던 것으로 기증확약서 및 증여계약서도 저희 법인에서 가지고 있습니다.

따라서 상기 부동산의 소유권은 저희 ○○법인에 있다고 할 것이므로 이 내용증명을 받는 즉시 소유권이전등기를 하여 주시기 바랍니다.

20○○. ○. ○.

통지인 ○○시 ○○구 ○○동 ○○번지 사단법인 ○○

연락처 000-000-0000

피통지인 ○○시 ○○구 ○○동 ○○번지 ○○○

연락처 00-0000-0000

<답변서>

귀재단의 이전청구에 대하여 본인은 정당한 상속권
자로서 거부함을 알려 드립니다.
본인의 어머니께서는 노인성 치매를 앓고 계셨기 때
문에 귀 재단의 요구처럼 스스로 결정을 내려서 위
건물의 증여 및 기부의사를 하셨다고는 판단할 수
없으며, 또한 사망전까지 귀 재단에 대한 아무런 언
질도 없었습니다.
물론 어머니께서 귀 재단이 운영하는 ○○회에 가입
하여 매주 방문하신 것은 알고 있으나 이는 무료함
을 달래고 같은 처지에 있는 치매노인들과 함께 그
림치료를 받으러 간 것 뿐입니다.
따라서 귀 재단의 위 건물에 대한 이전청구는 적합
하지 않으므로, 본인은 거부함을 알려 드립니다.

20○○. ○. ○.

답변인 ○○시 ○○구 ○○동 ○○번지 ○○○
　　　연락처 00-0000-0000

통지인 ○○시 ○○구 ○○동 ○○번지 사단법인 ○
○
　　　연락처 000-000-0000

내용증명

현재 귀하가 거주하시는 본인소유의 ○○시 ○○구 ○○동 ○○번지의 ○○빌라 ○○○호가 이번에 경매에 입찰되었음을 알려드리게 되어 대단히 죄송합니다.

본인이 운영하던 회사의 어려움으로 인하여 상기 빌라가 경매에 나오게 되었습니다.

20○○. ○. ○. ○○법원 경매○계에서 경매가 진행되는 바, 타 청구권자에 비하여 귀하의 순위가 높으며, 더군다나 귀하께서는 세입자로서의 권리까지 주장하실 수 있으므로 귀하의 권리를 행사하시어 손해를 받지 않도록 하시기 바랍니다.

20○○. ○. ○.

통지인 ○○시 ○○구 ○○동 ○○번지 ○○○
　　　　연락처 00-0000-0000

피통지인 ○○시 ○○구 ○○동 ○○번지 ○○○
　　　　　연락처 000-000-0000

<답변서>

어려운 가운데 귀하의 통지에 감사드립니다.
귀하께서 말씀하신 경매에 앞서 본인의 권리행사를
위하여는 귀하의 진술서와 동의서가 필요합니다.
본인의 권리를 행사하기 위하여 경매 후 진행하는
것보다는 경매이전에 본인의 전세금으로 상기 빌라
를 받을 수 있도록 귀하께서 협조하여 주시고, 또한
이를 위한 각종 서류에 협조해 주시기 바라며, 의사
를 밝혀주시는대로 법적인 절차를 진행할 것임을 알
려드리니 빨리 의사를 밝혀주시기 바랍니다.

20○○. ○. ○.

답변인 ○○시 ○○구 ○○동 ○○번지 ○○○
     연락처 00-0000-0000

통지인 ○○시 ○○구 ○○동 ○○번지 ○○○
     연락처 000-000-0000

내용증명

귀하께서는 20○○. ○. ○. 본인이 운영하고 있는
○○정비공장에 귀하의 차량수리를 맡겨놓고 현재까
지 수리비 ○○만원을 지급하지 않고 있습니다.
차량의 수리는 이미 끝났으나, 귀하께서 차량수리비
를 지급하지 않고 차량을 가져간 후 바로 지급한다
고 하였으나, 본인은 수리비를 지급받지 않은 상태
에서는 차량을 드릴 수 없어 유치하고 있는 것입니
다,
따라서 귀하께서는 차량수리비를 지불하시고 차량을
인도받으시길 바라며, 20○○. ○. ○.까지 차량수리
비를 지불하지 않으실 경우, 차량수리비와 보관료
등을 합하여 금○○만원에 대한 권리행사를 할 예정
이오니 빠른 처리 바랍니다.

20○○. ○. ○.

통지인 ○○시 ○○구 ○○동 ○○번지 ○○○
　　　 연락처 00-0000-0000

피통지인 ○○시 ○○구 ○○동 ○○번지 ○○○
　　　　 연락처 000-000-0000

<답변서>

귀하께서 보내신 서면 잘 받아보았습니다.
본인은 차량수리비를 지급하지 않으려고 하는 것이
아니라 처음에 차량을 맡길때 귀하께서는 ○○○부
분만 수리하면 되며 금액은 ○○만원이라고 하였으
나, 본인이 차량을 인도하러 가자 다른 ○○○○도
수리했다며, 처음과는 달리 ○○만원을 부당하게 청
구한 것입니다.
본인은 원하지 않던 수리이기 때문에 그 수리비를
거부한 것이며, 처음에 말했던대로 ○○○만을 수리
하여 인도받기를 원합니다.
귀하께서 계속 원하지 않았던 부분의 수리까지를 강
제하여 수리비를 청구하고 차량의 인도를 거부한다
면 본인 또한 형사적, 민사적인 절차를 청구할 수
밖에 없으니, 귀하께서는 애초의 계약대로 수리하여
수리비를 받으시고 본인에게 차를 인도하여 주시기
바랍니다.

20○○. ○. ○.

답변인 ○○시 ○○구 ○○동 ○○번지 ○○○
        연락처 00-0000-0000

통지인 ○○시 ○○구 ○○동 ○○번지 ○○○
        연락처 000-000-0000

내용증명

귀하의 일익번창하심을 기원합니다.
현재 본인이 임차하여 사용하고 있는 귀하의 대지에
대한 지상권 설정계약의 연장을 바랍니다.
처음 귀하의 대지를 임차하여 본인의 수집차량의 보
관창고로 만들 계획이었으나, 현재 본인의 수집차량
및 보관창고는 각종 영화의 촬영소품 및 촬영장소로
사용되고 있습니다.
상기 장소는 양수리 영화 촬영장의 입구부분에 위치
하여 영화촬영에 용이함이 있어 그 위치상 가장 좋
은 것으로 판단되고 있어 지상권 계약의 연장을 부
탁드리는 바이오니 선처 바랍니다.

20○○. ○. ○.

통지인 ○○시 ○○구 ○○동 ○○번지 ○○○
　　　연락처 00-0000-0000

피통지인 ○○시 ○○구 ○○동 ○○번지 ○○○
　　　연락처 000-000-0000

<답변서>

귀하께서 본인의 대지에 운영하시고 계시는 차량보관소는 각종 민원의 대상이 되어 본인에게 많은 피해를 끼치고 있는바 귀하의 지상권계약의 갱신을 거부합니다.
또한 처음 계약시에 단 2년간의 사용과 재계약의 없음을 고지하였고, 본인 또한 목적한 바가 있어 상기 대지에 건축물을 계획하고 있기 때문에 계약이 만료되는 20○○. ○. ○. 이전에 상기 대지에 귀하께서 보관하고 있는 차량과 가건물 들을 없애 주실 것을 바랍니다.
만일 위 기한내에 양도되지 않을 경우 본인은 법적 조치를 취할 것임을 알려드립니다.

20○○. ○. ○.

답변인 ○○시 ○○구 ○○동 ○○번지 ○○○
　　　　연락처 00-0000-0000

통지인 ○○시 ○○구 ○○동 ○○번지 ○○○
　　　　연락처 000-000-0000

내용증명

귀하께서 보유하고 계시는 ○○시 ○○구 ○○동 ○
○번지와 본인 소유의 토지는 인접하고 있는바, 귀
하께서 이번에 건물을 세우면서 기존에 도로로 사용
되고 있는 부분에 대하여 아무런 고지나 협의도 없
이 철조망을 사용하여 통행을 제한하여 본인은 본인
소유의 토지에 접근하기 위하여 1킬로미터의 거리를
돌아가야 하는 경우가 되었습니다.

물론 귀하의 토지에 어떤 것을 하던 본인이 참견할
바는 아니나, 기존부터 도로로 사용되어왔고, 귀하께
서도 이는 알고 계셨던 부분입니다.

귀하의 재산손해부분에 대하여 본인을 비롯한 인접
토지의 소유자들은 마땅한 보상을 해드리려고 하고
있으니 우선 철조망을 제거하여 통행할 수 있도록
하여 주시고 보상부분에 대한 협의를 하여 주시기
바랍니다.

20○○. ○. ○.

통지인 ○○시 ○○구 ○○동 ○○번지 ○○○
　　　연락처 00-0000-0000

피통지인 ○○시 ○○구 ○○동 ○○번지 ○○○
　　　연락처 000-000-0000

<답변서>

귀하의 서면 잘 받아보았습니다.
우선 본인은 귀하를 비롯한 인접 토지소유자들의 불편함을 생각하여 십수년동안 본인의 권리행사를 제대로 하지 못하였습니다.
그러나 이런 본인의 배려가 당연하다고 여기는 귀하를 비롯한 인접토지소유자들의 행태는 무지하다고 할 것입니다.
본인의 재산상의 손해를 먼저 배상받은 후에 철조망을 제거할 것이오니 먼저 손해배상 금액 및 정당한 사용료를 제기하시어 본인과 협의하시기 바랍니다.

20○○. ○. ○.

답변인 ○○시 ○○구 ○○동 ○○번지 ○○○
      연락처 00-0000-0000

통지인 ○○시 ○○구 ○○동 ○○번지 ○○○
      연락처 000-000-0000

내용증명

현재 귀하와 본인, ○○○이 공동으로 소유하고 있는 ○○시 ○○구 ○○동 ○○번지 ○○오피스텔 ○○○○호에 대하여 각자의 공유지분대로 분할하는데 협조하여 주시기를 바랍니다.

본인의 개인적인 사정으로 인하여 그 지분을 처리하기를 바라오니 공유물 분할 절차에 협력하여 주시기 바랍니다.

20○○. ○. ○.

통지인 ○○시 ○○구 ○○동 ○○번지 ○○○
　　　　연락처 00-0000-0000

피통지인 ○○시 ○○구 ○○동 ○○번지 ○○○
　　　　연락처 000-000-0000

<답변서>

귀하께서 말씀하신 공유지분건에 대하여 본인을 포함한 ○○○은 매매를 하고자 하는 의사가 없으므로, 귀하의 지분부분에 대하여는 본인이 금○○○○만원에 인수하고자 합니다.
이 금액은 귀하가 최초에 투자한 비용에 ○○%를 이자 및 수익률로 하여 계산한 것이므로 정당한 지불이라 판단됩니다.
만약 이를 거부하시고 매매를 원하시는 경우라면, 시세에 따른 매매가에서 귀하의 지분금만큼만 인정하여 지불하도록 하겠습니다.
귀하의 빠른 판단과 연락을 바라겠습니다.

20○○. ○. ○.

답변인 ○○시 ○○구 ○○동 ○○번지 ○○○
　　　　연락처 00-0000-0000

통지인 ○○시 ○○구 ○○동 ○○번지 ○○○
　　　　연락처 000-000-0000

대리권 소멸 통지

내용증명

본인이 소유하고 있는 ○○시 ○○구 ○○동 ○○번지 건물에 본인은 본인을 대신하여 ○○○을 대리인으로 하여 관리비 및 월세 등을 받도록 하여왔습니다.

그러나 일신상의 이유로 본인과 ○○○과의 대리인으로서 대리권계약이 해제되었으므로 본인이 직접 받을 것입니다, 20○○. ○.부터는 ○○○은 더 이상 본인의 대리인이 아니므로 월세 및 관리비를 받을 권리가 없음을 알려드리오니 피해없으시길 바랍니다.

20○○. ○. ○.

통지인 ○○시 ○○구 ○○동 ○○번지 ○○○
　　　연락처 00-0000-0000

피통지인 ○○시 ○○구 ○○동 ○○번지 ○○○
　　　연락처 000-000-0000

<답변서>

본인은 귀하의 통지를 받기 전 월세 ○개월 분과 관리비를 일시에 ○○○에게 지급하였습니다.
귀하께서는 이를 확인하시고 만일 위 사항이 맞는다면 귀하께서 영수증 및 확인서를 본인에게 교부하여 주시기 바랍니다.
또한 계약기간이 끝나는 20○○. ○. ○. 본인은 계약을 연장하지 않고 해제할 것임을 알려드립니다.

20○○. ○. ○.

답변인 ○○시 ○○구 ○○동 ○○번지 ○○○
　　　연락처 00-0000-0000

통지인 ○○시 ○○구 ○○동 ○○번지 ○○○
　　　연락처 000-000-0000

손해배상 청구

내용증명

지난 20○○. ○. ○. 본인이 운영하는 호프집에서
귀하와 귀하의 동행인인 ○○○간의 싸움으로 인하
여 ○○만원의 기물을 파손당하였습니다.
귀하께서는 집근처이기도 하고 오랜기간동안 단골이
므로 당장 가진 돈이 없으니 우선 고치고 청구하면
지불하겠다고 하였으나, 본인이 수리를 끝내고 청구
한 금액에 대하여 비싸다는 이유로 현재까지 아직
지급하지 않고 있는 것입니다.
본인 또한 불경기에 예상치 못한 금원을 지불하고
수리로 인한 매출손실 또한 겪었습니다.
귀하께서는 이점 양지하시고 빠른 시간안에 본인의
손해에 대하여 배상하여 주실 것을 바랍니다.
이 서면이 도착한 후 7일 이내에 지불하지 않으실
경우 민사소송법상의 절차로 귀하께 손해배상을 청
구할 것임을 알려 드립니다.

20○○. ○. ○.

통지인 ○○시 ○○구 ○○동 ○○번지 ○○○
　　　　연락처 00-0000-0000
피통지인 ○○시 ○○구 ○○동 ○○번지 ○○○
　　　　연락처 000-000-0000

<답변서>

귀하의 일익번창하심을 기원합니다.
귀하의 의견과 같이 본인과 본인의 동행인이 귀하 가게의 기물을 파손한 부분은 인정합니다.
그러나 귀하가 청구한 ○○만원은 터무니없는 수리비라 할 것입니다.
물품은 기존에 귀하께서 새로 들여오실 때 본인에게 말한 금액보다도 많은 금액이므로 본인은 이해할 수가 없습니다.
따라서 본인은 귀하께서 정확한 수리비용을 청구하시는 즉시 지급하도록 하겠습니다.

20○○. ○. ○.

답변인 ○○시 ○○구 ○○동 ○○번지 ○○○
　　　연락처 00-0000-0000

통지인 ○○시 ○○구 ○○동 ○○번지 ○○○
　　　연락처 000-000-0000

손해배상금 지급 청구

내용증명

본인은 귀하가 공사중인 건물을 지나다가 공사자재의 낙하에 의한 상해를 입었습니다.

이에 귀하께서는 본인의 부상을 살피고 부상이 경미하여 근처 병원에서 치료를 받으면 그 치료비 전액을 보상하여 주기로 약정하였습니다.

그러나 치료를 받고 그 영수증을 귀하에게 주고 벌써 일주일이 지났으나 아직까지도 그 지급을 하지 않고 있으므로 그 지급을 청구하는 바입니다.

만일 20○○. ○. ○.까지 치료비를 지급하지 않으면 본인은 위 상해에 대한 고소를 하려고 하니 빠른 지급을 바랍니다.

20○○. ○. ○.

통지인 ○○시 ○○구 ○○동 ○○번지 ○○○
　　　연락처 00-0000-0000

피통지인 ○○시 ○○구 ○○동 ○○번지 ○○○
　　　연락처 000-000-0000

<답변서>

귀하의 빠른 쾌유를 바랍니다.
우선 본인이 귀하의 치료비를 지급하고자 하였으나
귀하께서 알려주신 계좌는 없는 계좌로 나오고 잘못
된 저장으로 귀하의 번호가 없어 지급을 하지 못하
고 있던 것입니다.
귀하께서 귀하의 올바른 계좌번호와 연락처를 주신
다면 바로 치료비 및 위자료를 지급하여 드리도록
하겠습니다.

20○○. ○. ○.

답변인 ○○시 ○○구 ○○동 ○○번지 ○○○
      연락처 00-0000-0000

통지인 ○○시 ○○구 ○○동 ○○번지 ○○○
      연락처 000-000-0000

교통사고 합의금 지급 청구

내용증명

본인은 귀하가 운전하고 있는 승용차에 치여 전치 2주의 상해를 당하였는데, 귀하와 치료비와 약간의 보상금을 받기로 하고 합의서를 작성하였으나, 현재까지 합의금을 지급받지 못했으므로 그 지급을 청구합니다.

그동안에도 수차례 지급을 요청하였으나. 귀하는 핑계를 대며 차일피일 미루고 있습니다.

이 증명을 받고 7일 이내에 본인에게 합의된 금액을 지불하지 않으실 경우 위 합의를 파기하고 형사고소 및 민사소송법에 의한 손해배상을 청구할 것이오니 빠른 처리 바라겠습니다.

20○○. ○. ○.

통지인 ○○시 ○○구 ○○동 ○○번지 ○○○
　　　　연락처 00-0000-0000

피통지인 ○○시 ○○구 ○○동 ○○번지 ○○○
　　　　연락처 000-000-0000

<답변서>

귀하의 합의금 청구에 대해 주변에 알아본 결과 터
무니 없는 금액임을 귀하께 알려드렸고, 본인의 무
지를 이용하여 부당이득을 얻고자 하는 귀하에게 본
인은 괘씸함을 느끼고 있습니다.
물론 본인의 과실로 귀하께 상해를 입히게 됨을 죄
스럽게 생각하는바 없지 않습니다.
그러나 귀하의 합의금은 터무니없으므로 본인은 ○
○만원을 법원에 공탁하였으므로 귀하께서는 그 금
원을 수락하시든지 거부하시고 고소 및 정식재판과
정을 거치시든지 하시기 바랍니다.

20○○. ○. ○.

답변인 ○○시 ○○구 ○○동 ○○번지 ○○○
       연락처 00-0000-0000

통지인 ○○시 ○○구 ○○동 ○○번지 ○○○
       연락처 000-000-0000

내용증명

본인 운영중인 ○○옥이라는 상호는 20여년간에 걸쳐 본인의 피나는 노력의 결실로 맛집으로 알려져 방송매체와의 인터뷰 등 각종 프로그램의 출연 등으로 인기를 얻고 있는 것입니다.

귀하께서는 이런 점을 악용하시어 본인의 가게 부근에 ○○○옥이라는 유사상호를 가지고 20년 원조집이라는 광고를 하는 등 마치 귀하의 가게가 본인의 것인냥 선전하여 귀하의 상호를 도용하여 본인에게 피해를 입히고 있는 것입니다.

수차례에 걸쳐 본인이 상호를 변경할 것을 요구하였으나 귀하께서는 이를 무시하고 계속하여 유사상호를 사용하고 있는 것입니다.

본인의 상호는 20○○. ○.○. 상표권등록을 하여둔 상태이므로 귀하께서 본 서면을 수령하신 후 10일 이내에 상호 변경을 하지 않으실 경우 본인은 상표권등록을 근거로 귀하의 상호사용 중지와 영업중지 등을 법적인 요청을 할 수 밖에 없으니 빠른 시일내에 상호를 변경하시기 바랍니다.

20○○. ○. ○.

통지인 ○○시 ○○구 ○○동 ○○번지 ○○○
　　　연락처 00-0000-0000

피통지인 ○○시 ○○구 ○○동 ○○번지 ○○○
　　　연락처 000-000-0000

<답변서>

귀하의 서면을 잘 받아보았습니다.
귀하께서는 본인이 귀하의 상호를 도용하였다고 주장하고 있으나, 귀하와 본인의 가게는 취급하는 음식의 종류가 틀리고 또한 본인은 귀하의 가게 근처에서 영업하기 전 ○○동에서 20년 이상 ○○○옥이라는 상호로 영업을 해왔습니다.
따라서 귀하의 의견은 아무런 의미가 없다고 할 것입니다.
귀하께서 어떠한 법적인 조치를 하시더라도 본인은 떳떳함으로 이를 주장할 것이고, 상호를 변경할 이유가 없다고 할 것입니다.

20○○. ○. ○.

답변인 ○○시 ○○구 ○○동 ○○번지 ○○○
　　　연락처 00-0000-0000

통지인 ○○시 ○○구 ○○동 ○○번지 ○○○
　　　연락처 000-000-0000

내용증명

본인의 자인 ○○○은 귀하의 자녀임을 DNA검사결과로 확실함을 증명합니다.

따라서 위 ○○○을 귀하의 자녀로 가족관계등록부에 등재하고 양육비 지급을 하시기 바랍니다.

위 ○○○은 귀하와 본인간의 자녀가 확실하고 본인과 귀하가 헤어진 20○○. ○. ○.일 출생하였습니다.

본인이 귀하에게 미리 고지를 하였어야 했으나 귀하는 외국에 나가 얼마 전에 들어왔기 때문에 이제야 귀하에게 고지하는 것입니다.

20○○. ○. ○.

통지인 ○○시 ○○구 ○○동 ○○번지 ○○○
　　　　연락처 00-0000-0000

피통지인 ○○시 ○○구 ○○동 ○○번지 ○○○
　　　　　연락처 000-000-0000

<답변서>

귀하의 인지청구에 대하여 본인은 ○○○의 친부가
아님을 통지합니다.
귀하께서 말씀하시는 기간 동안 본인은 귀하와 만난
적도 없고 본인은 그 기간 동안 외국에 거주하고 있
었습니다.
그 당시에 본인의 신분증을 도용하여 사용한 자는
이미 20○○. ○. ○. 검거하여 현재 ○○교도소에
복역 중인 것으로 알고 있고, 귀하의 청구대상도 본
인이 아닌 ○○○인 것 같으니 다시 한 번 확인하시
고, 법적인 조치는 그쪽으로 하시기 바랍니다.
또한 금번 인지청구로 본인의 가정에 정식적인 피해
를 끼친 점에 대하여 귀하께 손해배상을 청구해야
하나 귀하 또한 피해자라는 생각으로 고소 등의 조
치는 하지 않도록 하겠습니다.

20○○. ○. ○.

답변인 ○○시 ○○구 ○○동 ○○번지 ○○○
    연락처 00-0000-0000

통지인 ○○시 ○○구 ○○동 ○○번지 ○○○
    연락처 000-000-0000

내용증명

귀하의 일익번창하심을 기원합니다.

귀하께서 임차하여 사용하시는 주택의 소유주인 ○○○의 후견인인 ○○○이 외국이민을 가게 되어 본인이 ○○○의 후견인으로 변경됨을 알려드립니다.

그리하여 피후견인인 ○○○의 양육과 재산의 운용에 관한 사항에 대하여 모든 것을 본인이 관장하게 되었습니다.

전 후견인과 협의하였던 사항은 이 서면 도달 후부터 본인과 협의하시기 바랍니다.

20○○. ○. ○.

통지인 ○○시 ○○구 ○○동 ○○번지 ○○○
　　　　연락처 00-0000-0000

피통지인 ○○시 ○○구 ○○동 ○○번지 ○○○
　　　　연락처 000-000-0000

<답변서>

귀하의 통지를 잘 받아보았습니다.
기존 후견인인 ○○○과 보증금 인상부분에 대하여
협의하던 부분에 대하여 귀하께서 빠른 답변을 하여
주시기 바랍니다.
또한 귀하께서 ○○○의 정당한 후견인이라는 법원
의 후견인 변경확정서를 사본으로 하여 본인에게 제
출해 주시면 기존에 ○○○에게 지급하던 임대금과
관리비등을 귀하의 지정계좌에 입금하도록 하겠습니
다.

20○○. ○. ○.

답변인 ○○시 ○○구 ○○동 ○○번지 ○○○
　　　연락처 00-0000-0000

통지인 ○○시 ○○구 ○○동 ○○번지 ○○○
　　　연락처 000-000-0000

내용증명

본인은 귀하의 인터넷 쇼핑몰 ○○○에서 20○○.
○. ○. 가방을 구입하였습니다.
그러나 받아본 물건은 가방이 아니었고, 귀하 쪽으
로 물건을 반송하고 재배송하여 줄 것을 요청하였으
나 현재까지 아무런 조치가 이루어지지 않은 것입니
다.
더 이상 상품의 배송을 기다리는 것은 무의미하다고
생각되므로 계약을 해제하고 결제된 금액을 본인의
계좌로 입금하여 주시기 바랍니다.
이 증명이 도착된 후 3일 이내에 계약해제 및 환불
조치가 이루어지지 않는다면 본인은 소비자 보호원
및 경찰에 사기죄로 고소할 예정이오니 빠른 조치를
취해주시기 바랍니다.

20○○. ○. ○.

통지인 ○○시 ○○구 ○○동 ○○번지 ○○○
　　　 연락처 00-0000-0000

피통지인 ○○시 ○○구 ○○동 ○○번지 ○○○
　　　　 연락처 000-000-0000

<답변서>

귀하의 통지에 대하여 본인은 처음에 상품주문시부
터 물품의 재고가 없고 수입이 되려면 3개월이 걸린
다고 하였으나 귀하께서는 상관없고 기다릴 수 있으
니 선입금하겠다고 하신 것입니다.
또한 귀하께서 반송하였다고 하는 제품은 본상품의
배송지연에 대한 미안함으로 본인이 지급하여 드린
것입니다.
귀하의 요청대로 대금을 반환하여 드리지만 본인의
과실이 아닌 귀하의 요청에 따른 것이었음을 다시
한 번 상기시켜 드립니다.

20○○. ○. ○.

답변인 ○○시 ○○구 ○○동 ○○번지 ○○○
　　　연락처 00-0000-0000

통지인 ○○시 ○○구 ○○동 ○○번지 ○○○
　　　연락처 000-000-0000

내용증명

본인은 ○.○. ○○대학교 입구에서 귀 회사의 영업사원에게 영어교육 CD와 교제를 구입하기로 하였습니다.

계약시에는 견본품만을 보고 구입하였으나, 배달된 제품을 뜯어보니 견본품과 다르고 내용 또한 조악하여 사용할 수 없는 지경입니다.

이에 이 상품을 그대로 사용할 수가 없으므로 상품과 이 증명을 보내는 바입니다.

이 증명을 받는 즉시 계약금으로 지급한 ○만원을 환불하여 주시고 계약을 해제하여 주시기 바랍니다.

20○○. ○. ○.

통지인 ○○시 ○○구 ○○동 ○○번지 ○○○
　　　　연락처 00-0000-0000

피통지인 ○○시 ○○구 ○○동 ○○번지 ○○주식회사
　　　　연락처 000-000-0000

<답변서>

귀하의 물품과 서면을 잘 받아 보았습니다.
귀하께서 구입하신 물품은 기존 10년간 ○○○○세트가 판매된 교재로서 내용이 조악하다는 귀하의 의견에 있어서는 인정하기 힘든 부분이 있습니다.
또한 귀하께서 물품을 인수하신지 1달의 시간이 경과하였고, 위 교재 중 텝스집중부분에 대해서는 귀하가 사용하시며 메모한 부분이 다수 발견되었으며 또한 저번 주 일요일 텝스시험 이후에 발송하신 것은 악의적인 사용이라고 판단되어집니다.
소비자 보호법에서의 보호기간도 지났고 귀하께서 사용하신 제품은 판매도 불가능하므로 계약해제를 원하시는 경우 귀하께서 사용하신 부분에 대한 ○○만원에 대한 지급을 하시면 해제가 가능합니다.
또한 귀하의 사용부분을 지급하시면 그 교재 부분은 귀하께 발송하여 드리도록 하겠습니다.
○.○.까지 위 금액의 지급을 하여 주시기 바랍니다.

20○○. ○. ○.

답변인 ○○시 ○○구 ○○동 ○○번지 ○○○
　　　연락처 000-000-0000
통지인 ○○시 ○○구 ○○동 ○○번지 ○○주식회사
　　　연락처 00-0000-0000

내용증명

본인은 귀사에서 제작 판매하고 있는 LED TV 42인치를 지난 ○. ○. ○○마트에서 구입하여 사용하고 있습니다.
구입 후 3일후부터 화면떨림 및 색흐림이 발생하여 세 차례에 걸쳐 AS를 받았으나 증상이 개선되지 않았습니다.
그러나 도저히 이 상태로는 정상적인 사용이 불가능하다고 판단되는 바 이 증명을 받는 즉시 상품을 교환하여 주실 것을 요청합니다.

20○○. ○. ○.

통지인 ○○시 ○○구 ○○동 ○○번지 ○○○
　　　　연락처 000-000-0000

피통지인 ○○시 ○○구 ○○동 ○○번지 ○○전자
　　　　연락처 00-0000-0000

<답변서>

귀하께 불편을 끼쳐드린 점, 진심으로 사과드립니다.
폐사에서 확인하여 본 결과 귀하의 의견에 동의하며
귀하의 요청대로 상품을 교환하여 드리도록 하겠습
니다.

20○○. ○. ○.

답변인 ○○시 ○○구 ○○동 ○○번지 ○○전자
　　　　연락처 000-000-0000

통지인 ○○시 ○○구 ○○동 ○○번지 ○○○
　　　　연락처 00-0000-0000

내용증명

본인은 귀하소유의 ○○시 ○○구 ○○동 ○○번지 2층에 입주하여 지난 2년간 생활하였습니다. 계약기간의 만료전 3달전에 본인은 계약 갱신의 거절을 통지하여습니다.

지난달로 계약기간이 만료되었는데도 불구하고 귀하께서 아직까지 임차보증금을 반환하여주시지 않아 이사하기로 했던 일정도 차질이 생기고 많은 불편함을 야기하고 있습니다.

귀하께서는 이점을 양지하시고 빠른 시일 내에 임차보증금을 반환하여 주시기 바랍니다.

그렇지 않을 경우 부득이 법적절차에 기대어 해결할 수밖에 없음을 양지하시기 바랍니다.

20○○. ○. ○.

통지인 ○○시 ○○구 ○○동 ○○번지 ○○○
　　　　연락처 000-000-0000

피통지인 ○○시 ○○구 ○○동 ○○번지 ○○○
　　　　연락처 00-0000-0000

<답변서>

귀하께 불편함을 끼쳐드린점 진심으로 사과 드립니
다.
우선 귀하의 임차보증금을 반환하여 드리기 위하여
임대를 내놓았으나 작자가 나서지 않아 본인은 은행
에 대출신청을 하였고 다음주 수요일(○.○.) 대출완
료 됩니다.
그러니 그날까지 기다려 주시고 귀하께 그날바로 입
그하여 드리겠으니 양해하고 조금만 기다려 주시기
바랍니다.

20○○. ○. ○.

답변인 ○○시 ○○구 ○○동 ○○번지 ○○○
      연락처 000-000-0000

통지인 ○○시 ○○구 ○○동 ○○번지 ○○○
      연락처 00-0000-0000

제4장

고소 고발의 이해

제 1 절　개요

제1절 개요

1. 고소의 의의

범죄의 피해자 등 고소권을 가진 사람이 수사기관에 대하여 범죄사실을 신고하여 범인을 처벌해 달라고 요구하는 것입니다.

단순히 피해신고를 하는 것과는 다르다는 것을 알아두어야 합니다.

2. 고소권을 가진 사람

모든 범죄의 피해자와 피해자가 무능력자인 경우의 법정대리인 그리고 피해자가 사망한 경우의 배우자, 직계친족, 형제 자매입니다.

다만 자기나 배우자의 직계존속 즉 부모나 시부모, 장인, 장모등은 원칙적으로 고소할 수 없으나 예외적으로 직계존속으로부터 성폭력을 당했을 때는 직계존속이라도 고소할 수 있습니다.

3. 고소는 수사기관에 해야 한다.

대통령이나 국무총리, 국회의장, 대법원장, 법무부장관 등 수사기관이 아닌 고위공직자에게 고소장을 제출하는 것은 해당수사기관으로 고소장이 전달되기는 하나 전달되기까지 상당한 기간이 소요되므로 그만큼 수사가 지연되어 고소인에게 손해가 되고 불필요한 국가의 일만 만드는 것이 됩니다. 그러므로 가까운 법원이나 경찰서에 접수하는 것이 가장 빠르다 할 것입니다.

4. 고소를 하는 방식은 제한이 없다.

직접 수사기관에 출석하여 구두로 고소할 수도 있고 고소장을 작성하여 제출할 수도 있습니다. 고소장은 일정한 양식이 없고 고소인과 피고소인의 인적사항, 그리고 피해를 입은 내용, 처벌을 원한다는 뜻만 들어 있으면 반드시 무슨 죄에 해당하는지 밝힐 필요는 없습니다. 다만 피해사실 등의 내용이 무엇인지 알 수 있을 정도로 가능한 한 명확하고 특정되어야 합니다.

가명이나 허무인 또는 다른 사람의 명의를 도용하여 고소해서는 안됩니다. 그렇게 되면 피고소인만 수사기관에 불려다니면서 근거없이 조사를 받는 불이익을 입게 되므로 수사기관은 수사를 중단하고 사건을 종결할 수 있습니다.

5. 적법한 고소가 있으면

고소인은 수사기관에 출석하여 고소사실을 진술할 권리가 있고 수사에 협조할 의무도 있습니다. 또 검사가 고소사건을 불기소처분 하게 되면 그 처분통지를 받을 권리가 있고 불기소처분의 사유를 알고 싶으면 알려달라고 요구할 수 있으며, 불기소처분에 불만이 있으면 상급 고등검찰청과 대검찰청에 항고 및 재항고를 할 수 있습니다. 그 외 특별한 범죄에 대하여는 재정신청도 할 수 있습니다.

6. 친고죄

① 범죄중에는 피해자의 명예나 입장을 고려하여 고소가 없으면 처벌할 수 없는 죄가 있는데 그것을 친고죄라 합니다. 강간죄, 간통죄, 모욕죄 등이 있습니

다.

② 친고죄는 범인을 알게된 날로부터 6개월이 지나면 고소를 할 수 없습니다. 다만 성폭력범죄의 처벌 및 피해자 보호 등에 관한 법률상의 친고죄(업무상 위력등에 의한 추행, 공중밀집장소에서의 추행, 통신매체이용음란)는 범인을 알게된 날로 부터 1년이 지나면 고소할 수 없습니다. 또 한번 고소를 취소하면 다시 고소할 수 없고, 1심의 판결이 선고된 후에는 고소를 취소하더라도 소용이 없습니다. 그리고 공범이 있는 경우에는 고소인 마음대로 일부만 고소하거나 취소할 수 없고 공범 전부에게 고소와 취소를 하여야 합니다.

③ 특히 간통죄의 경우에는 배우자에게 이혼소송을 제기하거나 혼인이 해소된 후에만 고소를 할 수 있고, 이혼하기로 일단 합의한 후에 간통한 것은 고소할 수 없습니다.

④ 친고죄와 달리 고소가 없어도 처벌할 수 있으나 피해자가 처벌을 원하지 않는다는 의사를 표시하면 처벌할 수 없는 죄가 있는데 명예훼손죄, 폭행죄 등이 그것 입니다. 처벌을 원하지 않는 의사표시는 친고죄의 고소취소와 같은 효력이 있습니다.

7. 고 발

범죄의 피해자나 고소권자가 아닌 제3자가 수사기관에 대하여 범죄사실을 신고하여 범인을 처벌해 달라는 의사표시를 고발이라고 하는데 형사소송절차에서는 대체로 고소와 그 취급을 같이 합니다

8. 무고죄

① 고소인은 있는 사실 그대로 신고하여야 합니다. 허위의 사실을 신고하는 것은 국가기관을 속여 죄없는 사람을 억울하게 처벌받게 하는 것이므로 피해자에게 큰 고통을 줄 뿐만 아니라 억울하게 벌을 받은 사람이 국가를 원망하게 되어 결국 국가의 기강마저 흔들리게 되므로 무고죄는 엄벌로 다스리고 있습니다.

② 흔히 고소장에 상대방을 나쁜 사람으로 표현하기 위하여 자신의 피해사실과 관계가 없는 사실을 근거없이 과장되게 표현하는 고소인들이 있는데 이는 옳지 않은 일일 뿐 아니라 잘못하면 그때문에 무고죄에 해당될 수가 있습니다. 예컨대 소문난 사기꾼이라든지, 노름꾼으로 사회의 지탄을 받는다든지 하는 등의 표현이 있습니다.

③ 또 수사기관에서 불기소처분이 내려졌다거나 국가기관에서 법률상 들어줄 수 없다고 판정이 된 문제에 관하여 고소인 자신이 그와 다른 견해를 가지고 있다 하여 자기의 뜻을 관철하고자 같은 내용의 고소나 진정을 수없이 제기하는 것도 무고죄에 해당될 가능성이 많은 것입니다.

9. 고소에 앞서 생각할 일

일시적 기분에 좌우되어 경솔하게 고소를 하여 후회를 하는 수가 많습니다. 우리는 고소가 사건해결의 첩경이라고 생각하기 전에 당사자끼리 상호 원만히 해결하는 자세가 필요합니다. 피해를 핑계삼아 과중한 돈을 요구하다가

화해가 결렬되자 홧김에 고소를 하거나, 수십통의 고소장이나 진정서를 작성하여 여러 곳에 제출하는 사람이 있으나 모두 바람직한 일은 아닙니다. 또한 가해자측에서도 자신의 잘못을 피해자에게 정중히 사과하고 상호 원만한 합의를 이루도록 노력하여야 할 것입니다.

제 2 절
고소고발장
작성사례

고 소 장

고 소 인 ○ ○ ○
　　　　○○시 ○○구 ○○동 ○○아파트 ○동 ○호
　　　　주민등록번호　　　　　　　　-
　　　　연 락 처 (02)　　-　　, (010)　　-

피고소인 ○ ○ ○
　　　　○○도 ○○시 ○○동 ○○아파트 ○동 ○호
　　　　주민등록번호　　　　　　　　-
　　　　연 락 처 (02)　　-　　, (010)　　-

　위 피고소인을 업무상 횡령죄로 이 고소를 제기하오
니 의법처단하여 주시기 바랍니다.

고 소 사 실

　피고소인은 ○○○은 20○○년 ○월 ○일자 보건사
회부 환경위생과에 근무하다가 20○○년 ○월 ○일
승진으로 인하여 외무부 여권과로 전보되어 20○○년
○월 ○일까지 근무하면서 외국에 나가는 여권 사무를
전담한 자인데,

1. 위 여권발급 사무를 취급하는데 있어 동 여권은 신
　　청자로부터 각 건마다 5,000원이상 10,000원의 국

채소화필증을 첨부한 자에게만 여권을 발급하게 되
는데

2. 20○○년 ○월 ○일부터 20○○년 ○월 ○일까지
에 해외여권을 발급한 중에서 ○○시 ○○구 ○○
동 ○○번지 거주 ○○○의 48명으로부터 위 여권
발급시 국채소화필증을 징수하는 대신 매인당 현금
6,000원씩을 받은 후 그것으로 수시 해당 국채를
구입하였다가 동 국채소화필증은 각 관계서류에 첨
부하고 동 국채는 응당 소유자인 신청자에게 반환하
여 주거나 또는 찾아갈 때까지 바르게 보관하고 있
어야 함에도 불구하고 20○○년 ○월경 3회에 걸쳐
현재 ○○시 ○○구 ○○동 ○○번지 국채상사 ○
○○에게 팔아서 위 신청자들의 소유국채를 횡령한
것입니다.

위 사실을 들어 고소하오니 조사하여 엄벌에 처해 주
시기 바랍니다.

년   월   일

위 고소인 ○   ○   ○   ㉙

○○경찰서   귀중

배임

고 소 장

고 소 인 ○　○　○
　　　　　○○시 ○○구 ○○동 ○○번지
　　　　　주민등록번호　　　　　　－
　　　　　연 락 처 (02)　　－　　, (010)　　－

피고소인 ○　○　○
　　　　　○○도 ○○시 ○○동 ○○번지
　　　　　주민등록번호　　　　　　－
　　　　　연 락 처 (02)　　－　　, (010)　　－

위 피고소인을 배임죄로 이 고소를 제기하오니 의법 처단하여 주시기 바랍니다.

고 소 사 실

피고소인은 ○○군 ○○면에 있는 ○○협동조합장으로서 조합에 관한 사무일체를 관장하고 있는 자로서 20○○년 ○월 ○일 고소인외 43명이 연대하여 농약 공동 구입 자금으로서 중앙농협 ○○군 조합에서 금 430만원을 융자받고자 하고 피고소인이 위 연대채무자의 대표자로서 같은 달 13일 위 화순군조합에서 위 현금을 받음에 있어서 자기 이익을 도모하기 위하여 본 임무에 위배하여 타 연대보증인들의 승낙도 없이 자의로 금 50만원을 동 조합에 대한 사례금으로 공제

하여서 자기 개인 용도에 쓰고 각 연대채무자에게 손
해를 입게 하였으므로 고소를 제기하는 바입니다.

　　　　　　20○○년 　월 　일

　　　　　　　　　　위 고소인 　○　○　○ ㊞

○○경찰서장 귀중

사문서위조, 동행사사기

고　소　장

고 소 인 ○　○　○
　　　　　○○시 ○○구 ○○동 ○○번지
　　　　　주민등록번호　　　　　　　-
　　　　　연 락 처 (02)　　-　　, (010)　　-

피고소인 ○　○　○
　　　　　○○도 ○○시 ○○동 ○○번지
　　　　　주민등록번호　　　　　　　-
　　　　　연 락 처 (02)　　-　　, (010)　　-

위 피고소인을 사문서위조 및 동행사사기죄로 이 고소를 제기하오니 의법처단하여 주시기 바랍니다.

고 소 사 실

피고소인은 ○○시 ○○구 ○○동 ○○번지에서 거주하는 자로서 ○○시 ○○구 ○○동 ○○신용조합에서 대부금 알선, 신용조사, 수금을 담당한 자이다.

1. 20○○년 ○월 초순 조합금액을 편취할 것을 기도하고 피고소인과 평소 잘 아는 인장업자 김○○에게 부탁하여 ○○시 ○○구 ○○동 ○○번지에 사는 구○○의 인장과 동시 ○○구 ○○동에 사는 홍○○의 인장을 조각케 하여 피고소인 가정에서 행사할 목적으로 고소 외 김○○이 차용인 고소외 구

○○이 보증인이 된것처럼 문서를 작성하여 본 신입자는 신용이 매우 좋은 것 같이 감언이설로 조합장을 오신시켜 금 400만원을 대부받고 이 돈을 직접 피고소인이 전달할 뜻을 아뢰고 선이자로 20만원을 공제한 나머지액 380만원을 수취하여서 편취하였고,

2. 20○○년 ○월 ○일 ○○시 ○○구 ○○동 ○○번지 성명 불상 인장업자에게 시켜 ○○시 ○○구 ○○동 ○○번지 거주 소외 박○○의 인장과 동시 ○○시 ○○구 ○○동 ○○번지 천○○의 인장을 조각케 하여 피고소인 가에서 행사할 목적으로 동 박○○을 차주로 동 천○○을 보증인으로 문서를 만든 다음 각각 날인하여 위조하고 본 문서가 진정히 성립된것처럼 전 수법과 동일하게 신용이 있다는 거짓말을 하여 위 조합장이 믿게 하고 금 60만원을 대부받아 위 수법과 동일하게 선불이자 3만원을 공제한 후 나머지 57만원을 수취하여 도합 437만원을 착복하였음.

위와 같은 사실로 고소하오니 엄중히 조사하시어 처벌하여 주시기 바랍니다.

20○○년   월   일

위 고소인   ○   ○   ○ ㊞

○○경찰서   귀중

고 소 장

고 소 인 ○ ○ ○
　　　　　○○시 ○○구 ○○동 ○○번지
　　　　　주민등록번호　　　　　　-
　　　　　연 락 처 (02)　　-　　, (010)　　-

피고소인 ○ ○ ○
　　　　　○○도 ○○시 ○○동 ○○번지
　　　　　주민등록번호　　　　　　-
　　　　　연 락 처 (02)　　-　　, (010)　　-

　위 피고소인을 폭행, 상해죄로 이 고소를 제기하오니
의법처단하여 주시기 바랍니다.

고 소 사 실

1. 고소인은 1종보통면허 소지자로서 택시운전을 하고
   있는 자인데,
2. 피고소인도 택시운전기사로서 평소 친분이 있는 바,
   고소인이 20○○년 ○월에 직장을 잃어 실업에 이
   르자 피고소인이 ○○택시 차주인 고소외 ○○○에
   게 취업소개를 하여 근무중 동년 ○월 ○에 고소인
   이 차주에게 입금하여야 할 돈 12만원을 가정의 형
   편상 입금하지 못하자 다음날 아침에 위 차주가 고
   소인의 처에게 전화를 걸어 입에 담지 못할 욕설을

하였다고 하므로 동년 ○월 ○에 전시 미납금을 완납하고 당일로 사직을 한 사실이 있었습니다.

3. 그런데 피고소인은 자신이 소개한 보람이 없다는 좋지 못한 감정을 품고 있다가 20○○년 ○월 ○일 20시경 고소인이 주소지 인근 켄터키 치킨 집에서 학교선배와 음주를 하고 있는데 피고소인이 술에 취하여 나타나서 공연한 시비를 걸더니 머리로 고소인의 안면을 박치기 하고 좌수무지와 시지로 고소인의 우측 안구를 휘벼서 고소인을 졸도케 하여 안면 및 안구에 전치 3주를 요하는 상해와 전시 박치기로 고소인의 코뼈가 만곡되어 이를 교정시술 하자면 2주간의 입원가료를 요하는 가중적 상해를 가한 자입니다.

4. 피고소인은 위와 같은 폭행을 가하고도 단 한 번의 사과의 말도 없이, 또한 치료비의 부담도 없이 오히려 폭력배들이 구사하는 폭언으로 「야! 이 새끼야! 나도 이빨이 2개나 흔들리니 뽑아야겠다!」고 허무한 주장을 하면서 고소를 하든 마음대로 해 보라고 수차에 걸쳐 폭언을 가하고 있으므로 고소인은 이상 더 참을 수가 없어서 이 고소를 제기하오니 피고소인을 엄단하여 주시기 바랍니다.

관계서류 상해진단서   1매

               20○○년   월   일

                        위 고소인 ○ ○ ○ ㉑

○○경찰서장   귀중

고 소 장

고 소 인 ○ ○ ○
　　　　○○시 ○○구 ○○동 ○○번지
　　　　주민등록번호　　　　　　　－
　　　　연 락 처 (02)　　－　　, (010)　　－

피고소인 1. 직원 4명(성명불상)
피고소인 2. ○ ○ ○(○○지점 수리주임)
　　　　한국전력 ○○지점 ○○출장소
　　　　○○지점　 : 1234 － 5678
　　　　○○출장소 : 0987 －1234

　　위 피고소인등을 업무상 과실치상죄로 이 고소를 제
기하오니 의법처단하여 주시기 바랍니다.

고 소 사 실

1. 고소인은 ○○시 ○○구 ○○동 ○○번지에서 남편
　　○○○와 ○○양복점을 경영하고 있는 자인데,
2. 피고소인등은 ○○영등포지점 ○○출장소 직원들로
　　서 20○○년 ○월 ○일에 ○○구 ○○동 번지미상
　　노상에 있는 가로수 정지(整枝) 작업을 하고 절단한
　　가지등을 나무위에서 지면에 내려 집적하여 폐기처
　　분해야 함에도 불구하고 그 임무를 태만히 함으로써
　　지나가는 행인(고소인)에게 전치 3주를 요하는

두부타박상 및 찢긴상처의 피해를 제공한 자임.

3. 고소인은 동일 16시경 위 장소를 정면으로 직시하고 보행중 난데없이 가로수 위에서 직경 약 5cm의 나뭇가지 3개가 고소인의 머리위에 떨어지면서 그 중 21개의 나뭇가지 절단부분의 예리한 부분이 고소인의 두부 중앙부 위에서 약간 좌측부분을 약 2cm 자상을 가하였습니다.

4. 사고현장 인근 주민들의 말에 의하면 당일 작업반원들이 작업을 마치고 가면서 절단한 나뭇가지를 나무 위에 방치하고 가는 것을 주민들이 지적하자 전시 작업반원들은 대답도 하지 않고 아니꼽다는 표정으로 눈을 흘기면서 그냥 가버렸다는 말을 고소인이 듣고 그 길로 ○○구 ○○동 ○○번지 소재 ○○병원에서 응급치료(봉합수술)를 하고 치료비조로 일금 40,000원을 지불하고 한전영등포지점을 찾아가서 그 피고소인에게 대책을 호소하였던 바, 그 피고소인은 미안하다는 말한마디 없이 자신의 감독확인의 책임을 은폐하고 약한 시민을 우격다짐으로 승복시켜 그 책임을 면탈할 목적으로 오히려 고소인이 재수가 없어서 그랬지, 이런 사고는 처음이라고 어불성설적 부당한 주장을 하였습니다. 고소인이 흥분하여 이를 반박하자 옆에 있던 성명미상의 직원이 시끄럽다는 고함을 치는 등 독점기업체의 고자세로 횡포를 부린 자들입니다.

5. 피고소인등은 다음날 오전중으로 고소인에 대한 입원조치등 대책을 강구하겠다고 약속을 하였음에도 이를 불이행하고 있으므로 이들이 또 다시 이러한 횡포를 또 다른 시민에게도 자행할 것이 너무나도 명약관화하므로 차제에 이들을 의법엄단하여 사회적

으로 경각심을 야기시켜 다시는 이런 일이 없도록
하기 위하여 이 고소에 이르렀습니다.

관계서류 : 1. 진단서   1부

20○○년   월 일

위 고소인 ○ ○ ○ ⑳

○○경찰서 귀중

고　소　장

고 소 인 이 ○　○
　　　　　　○○시 ○○구 ○○동 ○○번지
　　　　　　주민등록번호　　　　　　 －
　　　　　　연 락 처 (02)　 －　　 , (010)　 －

피고소인 김 ○　○
　　　　　　○○도 ○○시 ○○동 ○○번지
　　　　　　주민등록번호　　　　　　 －
　　　　　　연 락 처 (02)　 －　　 , (010)　 －
　　　　　　유 ○　○
　　　　　　○○도 ○○시 ○○동 ○○번지
　　　　　　주민등록번호　　　　　　 －
　　　　　　연 락 처 (02)　 －　　 , (010)　 －

　위 피고소인을 위증교사 및 위증죄로 이 고소를 제기
하오니 의법처단하여 주시기 바랍니다.

고　소　사　실

1. 피고소인 김○○은 ○○시 ○○구 ○○동 ○○번지
　○○맥주홀을 경영하는 한○○의 내연의 처인 바,
　당시 ○○형사지방법원에 계속중인 위 한○○에 대
　한 강도피고사건에 있어서 같은 동에 사는 유○○
　가 증인으로 소환된 것을 알고 위 한○○를 위하여

유리한 허위진술을 시키기로 작정하고 ○○년 ○월
○일 위 유○○을 한○○ 집으로 불러 피고소인 김
○○이 주식을 권하면서 한○○에 대하여 강도사건
으로 증인 심문을 받게 될 때에는 자기가 동년 ○
월 ○일 오후 8 : 30경 위 ○○맥주홀에 갔을 때
한○○는 사무실에서 자기부인과 돈 때문에 이야기
를 하고 있더라고 허위진술을 시켜서 위증을 교사하
였고,

2. 피고소인 유○○은 위와 같은 부탁을 받자 위 사실
   이 전혀 허위인 줄 알면서 이를 수락하고 같은 달
   ○월 ○일 위 한○○에 대한 강도피고 사건에 있어
   서 ○○지방법원 형사2단독 재판장 ○○○ 앞에서
   동 사건의 증인으로 선서한 후 재판장으로부터 심문
   을 받을 때 위와 같이 의뢰받은 사실과 동 취지의
   허위진술을 하여서 위증을 하였음.

20○○년 월 일

위 고소인 이 ○ ○ ㊞

○○지방검찰청 귀중

고　소　장

고 소 인 ○　○　○
　　　　　○○시 ○○구 ○○동 ○○번지
　　　　　주민등록번호　　　　　　　－
　　　　　연 락 처 (02)　　－　　, (010)　　－

피고소인 ○　○　○
　　　　　○○도 ○○시 ○○동 ○○번지
　　　　　주민등록번호　　　　　　　－
　　　　　연 락 처 (02)　　－　　, (010)　　－

　위 피고소인을 무고죄로 이 고소를 제기하오니 의법 처단하여 주시기 바랍니다.

고 소 사 실

　피고소인은 ○○시 ○○구 ○○동 ○○번지에서 철공소를 경영하고 있는 자로서 20○○년 ○월 ○일 자기집 철공소에서 불이 나 인근가옥 6동이 불에 탔으므로 피고소인 일가에 대한 인근주민의 원성이 높아 부득이 다른 곳으로 이사할 수 밖에 없었습니다. 그런데 고소인과 과거부터 사이가 좋지 않으므로 고소인이 방화한 사실이 없음을 알고 있으면서도 위 화재는 고소인의 방화에 의하여 일어났다고 근거도 없는 사실을 수사기관에 신고하였으며 고소인으로 하여금 형사처분

을 받게 하여 자기의 평소의 울분을 달래고 동시에 화
재가 방화인 것처럼 인근에 퍼뜨려 자기집에 대한 비
난을 모면할 생각을 하고 같은 달 20일 ○○검찰청에
또한 ○○경찰서에 화재는 방화이며 그 범인은 고소인
이라는 맹랑한 사실을 기재한 서신 3통을 작성하여 우
편으로 발송하여 위 편지가 같은 달 30일 각각 도착케
하여서 고소인이 방화자라는 허위 사실을 신고하여 고
소인을 무고한 것이다.

20○○년   월   일

위 고소인   ○   ○   ○   ⓝ

○○경찰서   귀중

고　소　장

고 소 인 ○　○　○
　　　　　○○시 ○○구 ○○동 ○○번지
　　　　　주민등록번호　　　　　-
　　　　　연 락 처 (02)　　-　　, (010)　　-

피고소인 1. ○　○　○
　　　　　○○도 ○○시 ○○동 ○○번지
　　　　　주민등록번호　　　　　-
　　　　　연 락 처 (02)　　-　　, (010)　　-
피고소인 2. ○　○　○ (여) ○○세
　　　　　주소불상
피고소인 3. ○　○　○ (남) ○○세
　　　　　주소불상

　위 피고소인등을 사기죄로 이 고소를 제기하오니 의법처단하여 주시기 바랍니다.

고　소　사　실

1. 고소인은 가정집 처녀며, 2 및 3 피고소인은 내연의 관계에 있고 2피고소인은 1피고소인의 누님인 바,
2. 고소인은 위 2, 3 피고소인 등을 우연히 알게 되어 2피고소인은 자기 동생을 혼인중매하겠다고 하여

서기 20○○년 ○월 ○일에 1피고소인과 맞선을 보고 동년 ○월 ○일에 약혼식까지 한 사이입니다.

3. 1피고소인은 직업이 일반선원임에도 선장직에 재직하고 있고 앞으로 제주도에서 위 3피고소인과 유람선 사업을 하도록 모든 조치가 완료되었으니 원양선은 앞으로 타지 않을 것이고, 또 충남 천원군 소재 독립기념관 부지부근에 수천평 짜리 상가건립이 추진중인 바 이에도 자신이 투자를 하였다고 감언이설로 고소인을 속이고 약혼까지 성립케 한 후 이번에 마지막으로 원양선을 동년 20○○년 ○일에 승선하니 명년에 귀국하여 결혼식을 올리자고 하면서 시내 ○○구 소재 상호미상의 모텔로 유인하여 서로 마음이 변치 않는다는 정표라면서 고소인을 간음하고, 다음날에 전시 2, 3피고소인이 급히 금 300만원이 필요하니 10일간만 쓰고 돌려주겠다고 속여 고소인으로부터 위 금원을 받아 2,3피고소인 등에게 제공하여 출국한 자입니다.

4. 그런데 2,3피고소인 등은 위 금원을 1피고소인으로부터 받은 것이 사실임에도 이를 반환하지 않을 뿐만 아니라 위 돈에 대해서 전연 아는 바 없다고 잡아 떼기 때문에 이들의 정체를 확인해 본 결과 상습적으로 사기꾼들로 판명되어 이 고소를 제기하니 수배 일망타진하여 법이 적용하는 한 엄벌에 처해주시기 바랍니다.

20○○년   월   일

위 고소인   ○   ○   ○ ㊞

○○경찰서장   귀하

고 소 장

고 소 인 ○　○　○
　　　　　○○시 ○○구 ○○동 ○○번지
　　　　　주민등록번호　　　　　－
　　　　　연 락 처 (02)　　－　　, (010)　　－

피고소인 ○　○　○
　　　　　○○도 ○○시 ○○동 ○○번지
　　　　　주민등록번호　　　　　－
　　　　　연 락 처 (02)　　－　　, (010)　　－

　위 피고소인을 주거침입죄로 이 고소를 제기하오니 의법처단하여 주시기 바랍니다.

고 소 사 실

　피고소인은 ○○시 ○○구 ○○동 ○○번지에 있는 재건대원으로 각처에 버려진 종이·고물 등을 수집하는 자로서 20○○년 ○월 ○일 오후 10시경 평소 알게 된 ○○○의 딸을 간음할 목적으로 ○○시 ○○구 ○○동 ○○번지에 침입하였고 ○○○에 발각, 퇴거를 명하였으나 이에 불응하며 20분 동안 난동을 부렸습니다.
　위 사실을 고소하오니 엄중하게 처벌하여 주십시오.

20○○년 월 일

위 고소인 ○ ○ ○ ㉑

○○경찰서장 귀하

고　소　장

고 소 인 ○　○　○
　　　　　○○시 ○○구 ○○동 ○○번지
　　　　　주민등록번호　　　　　　　－
　　　　　연 락 처 (02)　　－　　, (010)　　－

피고소인 ○　○　○
　　　　　○○도 ○○시 ○○동 ○○번지
　　　　　주민등록번호　　　　　　　－
　　　　　연 락 처 (02)　　－　　, (010)　　－

　위 피고소인을 출판물에 의한 명예훼손죄로 이 고소를 제기하오니 의법처단하여 주시기 바랍니다.

고 소 사 실

　피고소인은 전직기자로서 주로 경제문제를 담당하여 종사한 경력을 되살려 20○○년 ○월부터 신문사, 잡지사 등에 주로 경제에 관한 투고를 하는 자로서 고소인을 비방할 목적으로 20○○년 ○월 ○일 발행한 월간잡지 "한국경제인"의 제21페이지에서부터 30페이지에 「경제와 정치를 농락하는 천지재벌」이라는 제목 아래 자유당을 엎고 또한 민주당도 엎었다. 그 어용재벌은 전국에 지점망을 갖고 있으며 자유당 시절에도 제2인자적인 역할을 하여 가지각색의 경제와 정치를 농락하였는데 자유당이 무너지고 제2공화국인 민주당이 정권을 잡았어도 천지재벌은 더욱 성장만 할 뿐이다.

자유당 정치의 부정과 부패의 결정체인 천지재벌은 누구하나 손을 못대고 다른 몇몇 소재벌은 공민권마저 박탈하는 무모한 짓을 서슴치 않고 자행하고 있다는 등 지금도 천지재벌은 민주당 정권천하에서 하였듯 그것 못지 않게 더욱 횡포를 감행하고 있으며 심지어 ○○은행의 총주식의 80%를 쥐고 완전히 개인금고처럼 사용하고 있으며 ○○은행의 주식도 55%를 장악하여 2개은행의 자금을 자신의 기업을 운영하는데 사업자금으로 활용하고 있다.

그나마 인사권을 쥐고 있으므로 대출한도의 할당권마저 쥐고 은행운영권을 장악하고 있는가 하면 ○○은행 총재마저 자기사람을 천거하여 집어넣고 금융통화위원회에서 다수권을 행사하여 금융정책마저 농락하고 있는 실정이다.

물론 자유당시절에 정치자금 자체가 천지재벌에서 나왔다는 사실은 만인이 다 아는 사실이지만 민주당 천지재벌에게 특혜를 주면서 그 품안에서 놀 줄이야 누가 알았는가 하는 기사를 써 "한국경제"란 책자에 실었으나 이 사실은 전부 다 사실무근이며,

고소인은 연간 외화취급액이 2천만불이고 원당도입액이 연평균 334만불이며, 대출액 총액만도 금 350억원이고 ○○년 ○월 ○일 현재의 대출잔고는 80억원으로서 ○○은행 총대출 잔고 100억의 7.8%에 불과하여 대기업으로서 기업규모에 따른 정당한 융자를 받았을 뿐 특혜융자를 전연 받은 바 없으며 ○○은행에 대한 의존도도 ○○년 ○월 ○일 현재 6.8%에 지나

지 않으며 정치와 경제에 대하여 농락한다고 하나 고
소인은 정치자금은 다소 전달했을 뿐 전연정치에 간섭
을 청한 사실이 없음을 자명한 사실이다. 그런데도 피
고소인은 허위보도를 기재하여 고소인을 출판물에 의
해서 명예를 훼손시킨 것이므로 이 고소를 제기하는
바이오니 의법처단하여 주시기 바랍니다.

20○○년   월   일

위 고소인 ○ ○ ○ ㉑

○○경찰서   귀중

공갈

고 소 장

고 소 인 ○ ○ ○
　　　　○○시 ○○구 ○○동 ○○번지
　　　　주민등록번호　　　　　　-
　　　　연 락 처 (02)　　-　　, (010)　　-

피고소인 ○ ○ ○
　　　　○○도 ○○시 ○○동 ○○번지
　　　　주민등록번호　　　　　　-
　　　　연 락 처 (02)　　-　　, (010)　　-

　위 피고소인을 공갈죄로 이 고소를 제기하오니 의법 처단하여 주시기 바랍니다.

고 소 사 실

　피고소인은 전과 2범인 자로서 일정한 직업도 없이 배회하는 불량한 자로서 20○○년 ○월 ○일 오후 15시경 ○○시 ○○구 ○○동 ○○번지 ○○극장 앞에서 고소인은 휴대하고 있는 카메라를 빌려 달라고 하기에 카메라는 형님의 것이기 때문에 빌려줄 수 없다고 하였더니 이 자식이 너 빌려주지 않으면 재미없어, 위협적인 언사를 사용하였으며 만일 고소인이 말을 들어주지 않으면 당장이라도 주먹이 날아와 몸에 맞으면 상처가 날 것 같은 행동에 공포감과 두려움을 느껴 고

소인이 가지고 있던 카메라 싯가 100만원 상당을 갈
취당하였으므로 고소를 제기합니다.

20○○년   월   일

위 고소인 ○ ○ ○ ㉑

○○경찰서   귀중

고 소 장

고 소 인 ○　○　○
　　　　○○시 ○○구 ○○동 ○○번지
　　　　주민등록번호　　　　　　－
　　　　연 락 처 (02)　　－　　, (010)　　－

피고소인 ○　○　○
　　　　○○도 ○○시 ○○동 ○○번지
　　　　주민등록번호　　　　　　－
　　　　연 락 처 (02)　　－　　, (010)　　－

　위 피고소인을 변호사법 위반죄로 이 고소를 제기하오니 의법처단하여 주시기 바랍니다.

고 소 사 실

1. 고소인과 피고소인은 같은 동네에 거주하고 있는 바, 서기 20○○년 ○월 초순경 고소인의 2남 ○○○ 17세가 가출을 하여 대구에서 타인의 점포에 들어가 금 2만원 상당의 물건을 훔치다가 구속되어 ○○지방검찰청으로부터 구속통지에 접하였던 바,
2. 피고소인은 위의 사실을 알고 대구에 내려가서 위 절도피의사건을 담당하는 공무원에게 청탁하여 석방되도록 알선하여 주겠다면서 20○○년 ○월 ○일에 대구에 내려간 후 ○○시 ○○구 ○○동 ○○모텔

에서 고소인에게 전화를 걸어 일이 잘 되어가니 경
비 50만원을 송금하라고 말한 후 다음날 11 : 00시
경 ○○은행 ○○지점에서 고소인이 송금한 금 50
만원을 교부받아서 공무원이 취급하는 사건에 관하
여 알선한다는 명목으로 금품을 받아 이를 가로 챈
자이오니 의법엄단하여 주시기 바랍니다.

관계서류 : ○○은행 송금표   1매

           20○○년   월   일

                      위 고소인   ○   ○   ○ ㊞

○○경찰서장   귀하

위력에 의한 업무방해

고 소 장

고 소 인 ○ ○ ○
　　　　○○시 ○○구 ○○동 ○○번지
　　　　주민등록번호　　　　　　-
　　　　연 락 처 (02)　　-　　, (010)　　-

피고소인 ○ ○ ○
　　　　○○도 ○○시 ○○동 ○○번지
　　　　주민등록번호　　　　　　-
　　　　연 락 처 (02)　　-　　, (010)　　-

　위 피고소인을 위력에 의한 업무방해죄로 이 고소를 제기하오니 의법처단하여 주시기 바랍니다.

고 소 사 실

　피고소인은 조직폭력배두목으로서 그의 누나되는 ○○○가 경영하는 식당 옆 ○○시 ○○구 ○○동 ○○번지에서 경영하는 식당이 잘되어 손님이 없음을 창피하게 생각하여 위 고소인 식당을 못하게 할 목적으로 20○○년 ○월 ○일 깡패 10명을 동원하여 고소인의 식당을 점검하고 타인들을 못 들어오게 하였으며 고소인이 왜 이러느냐고 하니까 장사를 하려면 다른 곳에 가서 하라. 만약 이사를 가지 않고 계속 장사를 하면 항시 조직폭력배를 동원하여 장사를 망쳐 놓겠다고 으

름장을 놓음으로써 그 위력을 과시하였고 그 위력에
의하여 식사하는 고객이 한 사람도 들어오지 않아서
고소인은 손해를 많이 보고 있습니다.

                    20○○년   월   일

                    위 고소인   ○   ○   ○ ㉑

○○경찰서장   귀중

차량으로 물건을 손상한 후 도주

고 발 장

고 발 인 ○ ○ ○
　　　　　○○시 ○○구 ○○동 ○○번지
　　　　　주민등록번호　　　　　－
　　　　　연 락 처 (02)　 －　 , (010)　 －
피고발인 ○ ○ ○(차량번호 1234)
　　　　　○○도 ○○시 ○○동 ○○번지
　　　　　주민등록번호　　　　　－
　　　　　연 락 처 (02)　 －　 , (010)　 －

고 발 내 용

　고발인은 ○○동에 사는 자입니다.

　　고발인은 20○○.○.○. 23:00경 일을 마치고 집으로 돌아가는데 동네 모퉁이에 있는 ○○슈퍼를 막 지나려고 하는데 피고발인의 차량이 갑자기 오더니 ○○슈퍼의 정문을 들이받아 문의 유리가 깨지고 또한 일부 물품이 손상이 되었습니다. 이를 본 피고발인은 갑자기 차를 후진하여 돌아온 길로 차를 몰아 도주를 하였습니다.

　　이에 피고발인을 고발하오니 법에 따라 엄중히 처벌하여 주시기를 바랍니다.

20○○년　월　일

위 고발인　○　○　○　㊞

○○경찰서　귀중

고 발 장

고 발 인 ○ ○ ○
       ○○시 ○○구 ○○동 ○○번지
       주민등록번호　　　　　－
       연 락 처 (02)　－　, (010)　－

피고발인 ○　○　○ 외 ○인
       ○○도 ○○시 ○○동 ○○번지
       주민등록번호　　　　　－
       연 락 처 (02)　－　, (010)　－

고 발 내 용

　고발인은 ○○동에서 농사를 짓는 사람들입니다.

　저희 동네에는 ○○산이 있는데 경관이 좋고 또한 야생동물이 많이 서식하고 있습니다. 이로 인해 모든 동물의 포획은 금지하고 있습니다. 그런데 20○○.○.○. 낮 12:00쯤 갑자기 산에서 총소리가 계속 나는 것이었습니다.

　이에 고발인들이 놀라 달려가 보니 피고발인들이 몇몇이 공기총을 이용하여 꿩과 노루를 사냥하고 있는 것이었습니다. 고발인들이 달려가니 피고발인들은 이내 저희가 오는 것을 보고 도망하였습니다. 이에 피고발인들을 고발하오니 법에 따라 엄중히 처벌하여 주시기를 바랍니다.

2000. 0. 0.

위 고발인 대표　○　○　○　㉑

○○경찰서　귀중

고 발 장

고 발 인 ○　○　○
　　　　　○○시 ○○구 ○○동 ○○번지
　　　　　주민등록번호　　　　　　–
　　　　　연 락 처 (02)　　–　　, (010)　　–

피고발인 ○　○　○
　　　　　○○도 ○○시 ○○동 ○○번지
　　　　　주민등록번호　　　　　　–
　　　　　연 락 처 (02)　　–　　, (010)　　–

고 발 내 용

　고발인은 20○○.○.○. 14:00경 ○○시청 앞의 ○○커피숍에서 이번 ○○시에서 추진하는 ○○아파트 건설에 입찰을 하기 위해 서류를 준비중이었습니다. 한데 피고발인인 ○○○이 ○○○과 만나 이야기를 하더니 ○○○으로부터봉투를 건네 받는데 보니까 현금 같았습니다. 그후 저와 ○○○은 입찰에 응했고 나중에 낙찰결과를 보니 저희는 떨어졌는데 ○○○씨가 있는 ○○건설이 낙찰을 받게 된 것이었습니다.

　공무원이란 신분으로 오히려 더 공정해야할 입찰 등에 불법적으로 개입하여 금품을 받고 특정인에게 낙찰되도록 사전 정보를 알려주는 등의 행위는 있을 수 없는 일로 압니다.

　　이에 피고발인을 고발하오니 법에 따라 엄중히 처벌
하여 주시기를 바랍니다.

　　　　　　　20○○. ○. ○.

　　　　　　　　　　　위 고발인　　○　　○　　○　㊞

○○경찰서　귀중

고 발 장

고 발 인 ○ ○ ○
　　　　　○○시 ○○구 ○○동 ○○번지
　　　　　주민등록번호　　　　　　－
　　　　　연 락 처 (02)　　－　　, (010)　　－
피고발인 ○ ○ ○
　　　　　○○도 ○○시 ○○동 ○○번지
　　　　　주민등록번호　　　　　　－
　　　　　연 락 처 (02)　　－　　, (010)　　－

고 발 내 용

　피고발인은 ○○시 ○○구 ○○동에서 ○○미용실을 운영하는 자로 미용실을 하면서 가끔 그전에 자기가 간호사로 일한 경력을 가지고 이곳을 이용하는 다수자로부터 쌍꺼풀 수술 및 몇 가지의 일부 성형 수술을 하여 주고 건당 금 ○○○원을 받는 등 수차례에 걸쳐 이러한 행위를 하고 현재에도 계속하여 동 행위를 하고 있으므로 이에 피고발인을 고발하오니 법에 따라 엄중히 처벌하여 주시기를 바랍니다.

20○○. ○. ○.

위 고발인 　○ ○ ○ ㊞

○○경찰서　귀중

고 발 장

고 발 인 ○ ○ ○
　　　　○○시 ○○구 ○○동 ○○번지
　　　　주민등록번호　　　　　　－
　　　　연 락 처 (02)　　 －　　 , (010)　 －

피고발인 ○　○　○ 외 ○인
　　　　○○도 ○○시 ○○동 ○○번지
　　　　주민등록번호　　　　　　－
　　　　연 락 처 (02)　　 －　　 , (010)　 －

고 발 내 용

　피고발인들은 ○○시 ○○구 ○○동 일대 유흥업소를 상대로 뒤를 돌봐준다는 명목으로 각 업소당 금 ○○○원에서 금 ○○○원에 이르는 금품을 강취한 자들입니다.

　이들은 소위 ○○파라는 폭력집단으로 ○○동 일대를 주 무대로 하여 유흥업소를 돌아다니며 매월 상기 금액을 강취하고 이에 협조하지 않을시 협박 및 폭행을 하는 등 하여 업소관계자들은 후한이 두려워 감히 신고할 엄두도 내지 못하는 실정입니다.

　이들은 지난 20○○.○.○.경부터 이 일대를 상대로 금품을 강취하기 시작하여 20○○.○.○.현재까지 계속하여 동 행위를 하고 있다고 합니다.

　　고발인은 우연한 기회에 친구가 경영하는 이 지역 ○
○주점에 들렀다가 안부를 묻는 과정에서 이러한 사실
을 알고 상기와 같은 내용으로 이들을 고발하오니 법
에 따라 엄중처벌하여 주시기를 바라옵기에 이에 고발
합니다.

　　　　　　　2000. ○. ○.

　　　　　　　　　　　　　위 고발인　○　○　○ ㉑

○○경찰서　귀중

<table>
<tr><th colspan="3">신간 · 개정판 안내(법문북스·법률미디어)</th></tr>
<tr><th>책 명</th><th>저 자</th><th>정 가</th></tr>
<tr><td>1. 수사형사조사총서 제1권 형법</td><td>김 정 수</td><td>150,000</td></tr>
<tr><td>2. 수사형사조사총서 제2권 형사특별법</td><td>김 정 수</td><td>150,000</td></tr>
<tr><td>3. 도산법 실제와 법리</td><td>김 영 한</td><td>90,000</td></tr>
<tr><td>4. 사이버형벌법</td><td>김창범 · 고홍남</td><td>160,000</td></tr>
<tr><td>5. 법률학 대사전</td><td>이 병 태</td><td>180,000</td></tr>
<tr><td>6. 수사해법과 형벌사례연구</td><td>이 창 현</td><td>140,000</td></tr>
<tr><td>7. 형벌법요설과 수사기술</td><td>김 정 수</td><td>68,000</td></tr>
<tr><td>8. 조세의 정의와 실무이론</td><td>생활법률연구원</td><td>70,000</td></tr>
<tr><td>9. 자동차사고로 인한 손해배상의 책임과 보상</td><td>박 영 민</td><td>30,000</td></tr>
<tr><td>10. 형벌형법의 실제와 정해</td><td>이 상 범</td><td>140,000</td></tr>
<tr><td>11. 형벌형사특별법의 실제와 정해</td><td>이 상 범</td><td>140,000</td></tr>
<tr><td>12. 부동산제문제와 법률적 연구</td><td>대한부동산법률문제연구회</td><td>85,000</td></tr>
<tr><td>13. 민사소송실제와 법원요해(전2권)</td><td>김 만 길</td><td>340,000</td></tr>
<tr><td>14. 상거래시 수표 · 어음의 법률적 문제와 이해</td><td>김 창 범</td><td>65,000</td></tr>
<tr><td>15. 민사소송실제와 법원요해(전2권)</td><td>김 만 길</td><td>340,000</td></tr>
<tr><td>16. 채권 총론·각론의 조문분석과 법리</td><td>이 기 옥</td><td>85,000</td></tr>
<tr><td>17. 형사특별법 형벌문제분석과 조사기법</td><td>김 정 수</td><td>130,000</td></tr>
<tr><td>18. 형법 형사문제문제분석과 조사기법</td><td>김 정 수</td><td>130,000</td></tr>
<tr><td>19. 형벌의 이해와 실제연구</td><td>김 창 범</td><td>80,000</td></tr>
<tr><td>20. 법률학지식입문대사전</td><td>이 상 범 외</td><td>160,000</td></tr>
<tr><td>21. 실용법인등기요설</td><td>김 만 길</td><td>160,000</td></tr>
<tr><td>22. 토지건물소송과 법원처리절차</td><td>김 용 한</td><td>160,000</td></tr>
<tr><td>23. 가사(가족관계)소송과 실무정해</td><td>박 근 영 외</td><td>160,000</td></tr>
<tr><td>24. 민법주석대전(전3권)</td><td>경 수 근 외</td><td>450,000</td></tr>
<tr><td>25. 민사소송집행실무이론절차(전4권)</td><td>김 만 길 외</td><td>560,000</td></tr>
<tr><td>26. 법률종합서식</td><td>오 시 영 외</td><td>150,000</td></tr>
<tr><td>27. 최신계약실무이론총서(전2권)</td><td>박 종 훈 외</td><td>320,000</td></tr>
<tr><td>28. 민사집행 · 경매 실무이론</td><td>이 재 천</td><td>140,000</td></tr>
<tr><td>29. 법률학사전</td><td>이 병 태</td><td>180,000</td></tr>
<tr><td>30. 채무자 회생 파산 분석 요해</td><td>이 상 범</td><td>160,000</td></tr>
<tr><td>31. 가압류가처분경매총서</td><td>김 만 길 외</td><td>320,000</td></tr>
<tr><td>32. 법인등기실무이론</td><td>김 용 환 외</td><td>160,000</td></tr>
<tr><td>33. 법률법원규정특별연구(전2권)</td><td>이 상 범</td><td>320,000</td></tr>
</table>

■ 편 저 이 창 범 ■

- ■ 한양대 산업경영대학원 2기 수료
- □ 경찰간부 후보 20기
- ■ 서울 각 경찰서 조사계장 역임
- □ 전 서울시경 수사과 근무(경감)
- ■ 안산 YMCA 법률자문위원
- □ 형사소송총람 편저
- ■ 수사서류모범실례집 발간

혼자서도 진행할 수 있는

진정서 · 탄원서 · 내용증명 · 고소장 사례실무

定價 18,000원

2025年 3月 10日 3판 인쇄
2025年 3月 15日 3판 발행

편 저 : 이 창 범
발 행 인 : 김 현 호
발 행 처 : 법 문 북 스
공 급 처 : 법률미디어

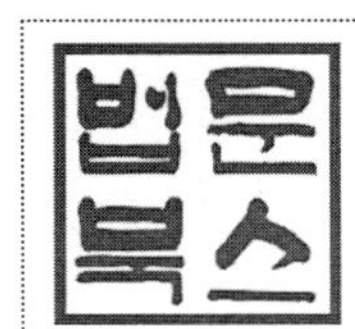

152-050
서울 구로구 구로동 636-62

TEL : 2636-2911~3, FAX : 2636~3012
등록 : 1979년 8월 27일 제5-22호
Home : www.lawbooks.co.kr

ISBN 978-89-7535-256-0 13360